任正非：
天道酬勤

张继辰◎著

GOD HELPS THOSE WHO HELP THEMSELVES

海天出版社
·深圳·

图书在版编目（CIP）数据

任正非：天道酬勤 / 张继辰著. — 深圳：海天出版社，2018.6（2021.2重印）

（任正非华为管理精华系列）

ISBN 978-7-5507-2211-8

Ⅰ. ①任… Ⅱ. ①张… Ⅲ. ①通信企业－企业管理－经验－深圳 Ⅳ. ①F632.765.3

中国版本图书馆CIP数据核字(2017)第284412号

任正非：天道酬勤
RENZHENGFEI: TIANDAOCHOUQIN

出 品 人　聂雄前
责任编辑　张绪华　杨华妮
责任技编　陈洁霞
封面设计　元明·设计

出版发行　海天出版社
地　　址　深圳市彩田南路海天综合大厦（518033）
网　　址　www.htph.com.cn
订购电话　0755-83460397（批发）　83460239（邮购）
设计制作　深圳市知行格致文化传播有限公司　Tel：0755-83464427
印　　刷　深圳市希望印务有限公司
开　　本　787mm×1092mm　1/16
印　　张　18
字　　数　280千
版　　次　2018年6月第1版
印　　次　2021年2月第4次
定　　价　58.00元

天道酬勤

文 / 任正非

华为正处在一个关键的发展时期，我们已经连续数年大量招收新员工，壮大队伍。新员工进入华为，第一眼看到的、处处感受到的就是华为的艰苦奋斗。一些人对此感到不理解。他们会提出这样的问题：华为为什么要艰苦奋斗？回答这个问题涉及另一个根本的问题，那就是：华为为什么能活到今天？华为将来靠什么活下去？我们今天就来讨论一下这个问题。

1. 不奋斗，华为就没有出路

世间管理比较复杂困难的是工业，而工业中最难管理的是电子工业。电子工业有别于传统产业的发展规律，它技术更替、产业变化迅速，同时，没有太多可以制约它的自然因素。例如，汽车产业的发展，受钢铁、石油资源及道路建设的制约。而用于电子工业的生产原料是取之不尽的河沙、软件代码、数学逻辑。正是这一规律，使得信息产业的竞争要比传统产业更激烈，淘汰更无情，后退就意味着消亡。要在这个产业中生存，只有不断创新和艰苦奋斗。而创新也需要奋斗，是思想上的艰苦奋斗。华为当年由于幼稚不幸地进入了信息产业，我们又不幸学习了电子工程，随着潮流的一次次更替，被逼上了不归路。创业者和继承者都在销蚀着自己，为企业生存与发展顽强奋斗，丝毫不敢懈怠！一天不进步，就可能出局；三天不学习，就赶不上业界巨头。这是严酷的事实。

华为在IT泡沫破灭后侥幸活下来，其实是我们当时的落后救了我们，落后让我们没能力盲目地追赶技术驱动的潮流。而现在西方公司已经调整过来，不再盲目地追求技术创新，而是转变为基于客户需求导向的创新，我们再落后就死无葬身之地。信息产业正逐步转变为低毛利率、规模化的传统产业。电信设备厂商已进行和将进行的兼并、整合正是为了应对这种挑战。华为相对还很弱小，面临更艰难的困境。要生存和发展，没有灵丹妙药，只能用在别人看来很"傻"的办法，就是艰苦奋斗。华为不战则亡，没有退路，只有奋斗才能改变自己的命运。

有一篇文章叫《不眠的硅谷》，讲述了美国高科技企业集中地硅谷的艰苦奋斗情形，无数硅谷人与时间赛跑，度过了许多不眠之夜，成就了硅谷的繁荣，也引领了整个电子产业的节奏。华为也是无数的优秀儿女贡献了青春和热血，才形成今天的基础。创业初期，我们的研发部从五六个开发人员开始，在没有资源、没有条件的情况下，秉承上个世纪'两弹一星'艰苦奋斗的精神，以忘我工作、拼命奉献的老一辈科技工作者为榜样，大家以勤补拙、刻苦攻关、夜以继日地钻研技术方案，开发、验证、测试产品设备……没有假日和周末，更没有白天和夜晚，累了就在地板上睡一觉，醒来接着干，这就是华为'垫子文化'的起源。虽然今天床垫主要是用来午休，但创业初期形成的'垫子文化'记录的是老一代华为人的奋斗和拼搏，是我们宝贵的精神财富。

华为走到今天，在很多人看来已经很了不起了，已经很成功了。有人认为创业时期形成的"床垫文化"、奋斗文化已经过时了，可以放松一些，可以按部就班。这是很危险的。繁荣的背后，都充满危机，这个危机不是繁荣本身必然的特性，而是处在繁荣包围中的人的意识。艰苦奋斗必然带来繁荣，繁荣后不再艰苦奋斗，必然丢失繁荣。"千古兴亡多少事，不尽长江滚滚流"，历史是一面镜子，它给了我们多么深刻的启示。我们还必须长期坚持艰苦奋斗，否则就会走向消亡。当然，奋斗更重要的是思想上的艰苦奋斗，时刻保持危机感，面对成绩保持清醒头脑，不骄不躁。

艰苦奋斗是华为文化的魂，是华为文化的主旋律，我们任何时候都不能因为外界的误解或质疑动摇我们的奋斗文化，我们任何时候都不能因为华为的发展壮大而丢掉了我们的根本——艰苦奋斗。

2. 公司高层管理团队和全体员工的共同付出和艰苦奋斗铸就了华为

中国高科技企业的成长之路注定充满坎坷与荆棘。选择了这条道路的人生注定艰辛与劳碌，同时也更有价值。

在中国，在高技术领域做一个国际化的企业、开拓全球市场，我们没有任何经验可以借鉴，完全靠摸索，在市场中摸爬滚打，在残酷的竞争中学习；

在中国，做一个以几万年轻知识分子为主的企业，竞争又是全球范围和世界级水平，我们没有任何成功的实践可以借鉴；

在中国，创办一家企业，竞争对手是全球发达国家的世界级巨子，他们有几十年甚至近百年的积累，有欧美数百年以来发展形成的工业基础和产业环境，有世界发达国家的商业底蕴、雄厚的人力资源和社会基础，有世界一流的专业技术人才和研发体系，有雄厚的资金和全球著名的品牌，有深厚的市场地位和客户基础，有世界级的管理体系和运营经验，有覆盖全球客户的庞大营销和服务网络。

面对这样的竞争格局，面对如此的技术及市场壁垒，在中国，华为没有任何经验可以借鉴，只有通过勤奋弥补。

华为没有背景，也不拥有任何稀缺的资源，更没有什么可依赖的，除了励精图治、开放心胸、自力更生，我们还有什么呢？最多再加一个艰苦奋斗，来缩短与竞争对手的差距。公司高层管理团队和全体员工的共同付出和艰苦奋斗，铸就了今天的华为。

我们在 GSM（全球移动通信系统）上投入了十几亿研发经费，多少研发工程师、销售工程师为之付出了心血、努力、汗水和泪水。在1998年我们就获得了全套设备的入网许可证，但打拼了8年，在国内无线市场上仍没有多少份额，连成本都收不回来。

2G 的市场时机已经错过了，我们没有喘息，没有停下来，在3G上又展开了更大规模的研发和市场开拓，每年近十亿元的研发投入，已经坚持了七八年，因为收不回成本，华为不得不到海外寻找生存的空间……

自创立那一天起，我们历经千辛万苦，一点一点地争取到订单和农村市场；另一方面我们把收入都拿出来投入到研究开发上。当时我们与世界电信巨头的规模相差200倍之多。通过一点一滴锲而不舍的艰苦努力，我们用了十余年时间，终于在2005年，销售收入首次突破了50亿美元，但与通信巨头的差距仍有好几倍。最近不到一年时间里，业界几次大兼并：爱立信兼并马可尼，阿尔卡特与朗讯合并、诺基亚与西门子合并，一下子使已经缩小的差距又陡然拉大了。我们刚指望获得一些喘息，直一直腰板，拍打拍打身上的泥土，没想到又要开始更加漫长的艰苦跋涉……

华为茫然中选择了通讯领域，是不幸的，这种不幸在于，所有行业中，实业是最难做的，而所有实业中，电子信息产业是最艰险的；这种不幸还在于，面对这样的挑战，华为既没有背景可以依靠，也不拥有任何资源，因此华为人尤其是其领导者将注定为此操劳终生，要比他人付出更多的汗水和泪水，经受更多的煎熬和折磨。唯一幸运的是，华为遇上了改革开放的大潮，遇上了中华民族千载难逢的发展机遇。公司高层领导虽然都经历过公司最初的岁月，意志上受到一定的锻炼，但都没有领导和管理大企业的经历，直至今天仍然是战战兢兢，诚惶诚恐的，因为十余年来他们每时每刻都切身感悟到做这样的大企业有多么难。多年来，唯有更多身心的付出，以勤补拙，牺牲与家人团聚、自己的休息和正常的生活，牺牲了平常人都拥有的很多的亲情和友情，消磨了自己的健康，经历了一次又一次失败的沮丧和受挫的痛苦，承受着常年身心的煎熬，以常人难以想象的艰苦卓绝的努力和毅力，才带领大家走到今天。

18 年来，公司高层管理团队夜以继日地工作，有许多高级干部几乎没有什么节假日，手机 24 小时不能关机，随时随地都在处理随时发生的问题。现在，更因为全球化后的时差问题，他们总是在夜里开会。我们没有国际大公司积累了几十年的市场地位、人脉和品牌，没有什么可以依赖，只有比别人奋斗更多一点，只有在别人喝咖啡和休闲的时间努力工作，只有更虔诚对待客户，否则我们怎么能拿到订单？

为了能团结广大员工一起奋斗，公司创业者和高层领导干部不断地主动稀释自己的股票，以激励更多的人才加入到这从来没有前人做过和我们的先辈从未经历过的艰难事业中来，我们一起追寻着先辈世代繁荣的梦想，背负着民族振兴的希望，一起艰苦跋涉。公司高层领导的这种奉献精神，正是用自己生命的微光，在茫茫黑暗中，带领并激励着大家艰难地前行，无论前路有多少困难和痛苦，有多少坎坷和艰辛。

中国是世界上最大的新兴市场，因此，世界巨头都云集中国。（华为）公司创立之初，就在自己家门口碰到了全球最激烈的竞争，我们不得不在市场的夹缝中求生存；当我们走出国门拓展国际市场时，放眼一望，所能看得到的良田沃土，早已被西方公司抢占一空，只有在那些偏远、动乱、自然环境恶劣的地区，他们动作稍慢，投入稍小，我们才有一线机会。为了抓住这最后的机会，无数优秀华为儿女离别故土，远离亲情，奔赴海外，无论是在疾病肆虐的非洲，还是在硝烟未散的伊拉克，或者海啸灾后的印度尼西亚以及地震后的阿尔及利亚……到处都可以看到华为人奋斗的身影。我们有员工在高原缺氧地带开局，爬雪山，越丛林，徒步行走了8天，为服务客户无怨无悔；有员工在国外遭歹徒袭击头上缝了30多针，康复后又投入工作；有员工在飞机失事中幸存，惊魂未定又救助他人，赢得当地政府和人民的尊敬；也有员工在恐怖爆炸中受伤，或几度患疟疾，康复后继续坚守岗位；我们还有3名年轻的非洲籍优秀员工在出差途中飞机失事不幸罹难，永远地离开了我们……

18年的历程，十年的国际化，伴随着汗水、泪水、艰辛、坎坷与牺牲，我们一步步艰难地走过来了，面对漫漫长征路，我们还要坚定地走下去。

3. 虔诚地服务客户是华为存在的唯一理由

还记得，经历（20世纪）90年代初艰难的日子，在资金技术各方面都匮乏的条件下，咬牙把鸡蛋放在一个篮子里，紧紧依靠集体奋斗，群策群力，日夜攻关，利用压强原则，重点突破，我们终于拿出了自己研制的第一台通讯设备——数字程控交换机。1994年，我们第一次参加北京国际通讯展，在华为展台上，"从来就没有救世主，也不靠神仙皇帝，要创造新的生活，全靠我们自己"这句话非常的与众不同，但对华为员工来讲，这正是当时的真实写照。

设备刚出来，我们很兴奋，又很犯愁，因为业界知道华为的人很少，了解华为的人更少。当时有一个情形，一直深深地印在老华为人的脑海：在北京寒冬的夜晚，我们的销售人员等候了8个小时，终于等到了客户，但仅仅说了半句话："我是华为的……"，就眼睁睁地看着客户被某个著名公司接走了。望着客户远去的背影，我们的小伙子只能在深夜的寒风中默默地咀嚼着屡试屡败的沮丧和屡败屡战的苦涩：是啊，怎么能怪客户呢？华为本来就没有几个人知晓啊。

由于华为人废寝忘食地工作，始终如一虔诚地对待客户，华为的市场开始起色了。友商看不到华为这种坚持不懈的艰苦和辛劳，产生了一些误会和曲解，不能理解华为怎么会有这样的进步。还是当时一位比较了解实情的官员出来说了句公道话："华为的市场人员一年内跑了500个县，而这段时间你们在做什么呢？"当时定格在人们脑海里的华为销售和服务人员的形象是：背着我们的机器，扛着投影仪和行囊，在偏僻的路途上不断地跋涉……在《愚公移山》中，愚公整天挖山不止，还带着他的儿子、孙子不停地挖下去，终于感动了上帝，把挡在愚公家前的两座山搬走了。在我们心里面一直觉得这个故事也非常形象地描述了华为18年来，尤其是（20世纪）90年代初中期和海外市场拓展最困难时期的情形：是我们始终如一对待客户的虔诚和忘我精神，终于感动了我们的客户！无论国内还是海外，客户让我们有了今天的一些市场，我们永远不要忘本，永远要以宗教般的虔诚对待我们的客户，这正是我们（华为）奋斗文化中的重要组成部分。

进入海外市场，我们的差异化优势主要是满足客户需求比较快（比如泰国 AIS，我们因为比友商项目实施周期快 3 倍，才获得了服务 AIS 的机会）。因此，海外合同要么交付要求比较急，要么需求特殊，需定制开发，研发、用服、供应链等只有赶时间、抢进度，全力以赴才能抓住市场机会。

在资金缺乏、竞争激烈的独联体市场，华为人忍辱负重、默默耕耘了 10 年，从获得第一单 38 美元的合同起，集腋成裘，到 2005 年销售额 6 亿美元，成为公司重要的市场。在要求严格的欧洲市场，经历 3 年的认证，我们终于通过了 BT（英国电信）的考试，成为 BT 重要合作伙伴；为获得中东某电信运营商的认可，面对世界级电信设备商的竞争，我们冒着室外 60 摄氏度的高温进行现场作业，长达数月，靠着全心全意为客户服务的诚意，经过两年多的坚持不懈，终于开通了我们全球第一个 3G 商用局……

经过十几年的不懈奋斗和挣扎，我们取得了一点成绩。这里要感谢长期支持华为的客户，没有客户的支持、信任和压力，就没有华为的今天。客户对我们的信任，是依靠华为不断地艰苦奋斗得来的。现在我们的客户也在不断地进步，来自客户需求的压力越来越大，我们没有理由停下来歇一歇，必须更加努力，来回报客户对我们的信任。

2016 年 11 月，华为终于在通信核心技术上打破了欧美垄断的局面！这也是中国通信核心技术第一次占领制高点！

大家都知道，在通信领域中，中国几乎没有话语权。在 2G、3G 时代，所有的专利技术，几乎都被高通、爱立信垄断。就算是自主研发的 TD-SCDMA（时分同步码分多址），与别人相比也根本不是一个档次。

华为 Polar Code（极化码）的胜利，标志着中国通信标准从追随、持平到引领的跨越，代表中国通信真正崛起。

打破垄断！今后，全球的 5G 技术标准将由中国企业参与一起制定。

花儿为什么这么红？它是由前行者的汗水和鲜血浇灌而成的！

爬雪山、过草地，不断追赶和超越领先者，矢志不渝地往技术的无人区和最前沿挺进，这就是华为！

是的，无人区！即使那里空气稀薄、即使那里一片荒凉、即使那里前不着村后不着店艰苦不堪，但是，那里也代表着新生的希望。一旦攻下了专利、拿下了标准制定权，就等于登上了整个技术体系的王者宝座！

任正非 1968 年毕业于重庆建筑工程学院，后入伍。他 40 多岁创业时，还是个通信行业门外汉。而 29 年之后，他占华为公司约 1% 的股权，统率一家 17 万人的企业，打破了全球信息技术行业最残酷的定律。

华为似乎从一开始就知道自己要什么且不断为之努力。

礁石暗流，永远藏在通往荣耀的路上。

从"做得还不错"到"做到极致"，从来不简单。许多企业规模不大不小，社会贡献不多也不少，运营状态不好也不坏，管理水平不高也不低……

要跨越中间状态，从优秀走向极致优秀，是一种断裂式的变化，它潜藏着各种危险——既有成功之路可依循，又面临很多矛盾、挑战；既有转型升级的压力，又遭遇各种能力短板；既有一定的资源积累，又要面临利益分配难题……

困难永远比想象中的多，但好在解决的方案也永远比想象中的多。要得到你想要的某样东西，最可靠的办法是让你自己配得上它，天道酬勤。

《任正非：天道酬勤》既从华为的管理实践出发，又从任正非和华为人的经历出发，总结出了华为人在艰苦奋斗的过程中事半功倍的方法。无论您是职场新人，还是管理者，都能从中找到您所需要的答案。

目 录 CONTENTS

第 **1** 章

真正想做将军的人，
要历经千辛万苦

CHAPTER 1

我们在主航道进攻，这是代表人类社会在突破、厚积还不一定能薄发，舒舒服服的怎么可能突破，其艰难性可想而知。无数硅谷人与时间赛跑，度过了许多不眠之夜，成就了硅谷的今天，"不眠的硅谷"，不是也彰显美国人的奋斗精神吗？这个突破就像奥运会金牌。我们现在跟奥运会竞技没有什么区别。

在主航道，美国很多企业的领袖们也很辛苦。真正成为大人物，付出的辛劳代价，美国人不比我们少。我和美国、欧洲公司的创始人在一起聊天，发现他们的领导文化也是艰苦的，真正想做将军的人，是要历经千辛万苦的。当然，美国多数人也有快乐度过平凡一生的权利。

第 1 节 一开始就知道自己要的是什么

　　任家兄妹有 7 人，任正非是老大，全家 9 口人靠父母的微薄收入度日，父亲还要接济老家的亲眷。当时全国经济处于困难时期，粮食严重短缺，全家人常常饿肚子。19 岁前，任正非没穿过一件新衣服，因为家里上学的孩子多，每到新学期，母亲就开始为孩子们的学费发愁，经常要靠向别人借钱才能勉力维持。尽管日子艰难，父亲还是坚持让 7 个孩子都上学读书。父亲一直勉励任正非好好学习，正因为父亲对知识的重视和追求，使他养成了勤奋上进、崇尚知识的心态。

　　任正非读大学的时候，"文化大革命"爆发，父亲被关进了牛棚。任正非扒火车偷偷回家看望父母，半夜步行十几里回到家里。父亲见到他，来不及心疼，让他第二天一大早就走，因为怕人知道后会影响他的前途。第二天一大早任正非临走时，父亲脱下自己的一双旧皮鞋送给他，并特别叮嘱他："记住，知识就是力量，别人不学，你要学，不要随大溜，你要有自己的绝活儿！"

　　背负着父亲的重托，任正非排除干扰，苦修数学、哲学，并自学了 3 门外语，奠定事业基础的计算机技术、数字技术、自动控制技术等，也是在这个时期开始入门的。后来，任正非入伍当工程兵，参与一项军事通信系统工程时取得多项技术发明创造，两次填补国家空白。33 岁时，他还因技术突出成就被选为军方代表，参加了全国科学大会。

任正非根本没有时间和人闲扯，他会有计划地去选书读，有计划地和人交流。他没有时间和人吃喝，他几乎从不喝酒，也从不抽烟。他一直处在学习思考、求生存状态。正因为如此，他一直有着超乎寻常的对现实的担忧、对未来辉煌的向往。他时常急迫感与成就感交织，被时不我待的使命感驱使着前行，放下名利，专心于自己的事。

"物质上的艰苦以及心灵的磨难是我们后来人生的一种成熟的宝贵财富。"创业很少是富家公子的选择。创业太艰苦，太容易中途放弃，更适合没什么退路的人。任正非说，当年是硬着头皮才坚持下来，"不努力往前跑就是破产，我们没有什么退路，所以只有坚持。"

正是这些使得任正非这样一个普通人物，能够做成一项伟大的事业。和他一起工作过的南油集团同事，对任正非能创办华为这样大的公司，感到非常吃惊。这种吃惊不是任正非早年显示出了这种能力，而恰恰是因为他压根就没有显示过这种才能，也没有人相信他有这种才能，以至于揣测他身后是否有高人相助。也许正是因为这种"普通"，43 岁开始创业的任正非非常务实，他直奔主题，直奔目的。他要找到一种状态、一个目标，以及如何达到这种状态和目标的方法。

这就是现代管理学之父彼得·德鲁克所讲的目标导向，目标是最高的，成就就是最好的。任正非要以此来证明自己是好样的、最棒的。除此之外，其他都可以放下，都可以让步，连利和名都可以放下。他由此变得强大了。他也会由此内生一种精神的感召力，我们把这个叫作道德垂范，至少是在勤政上的垂范。也就是古人常说的"言教不如身教""己所不欲，勿施于人"。

第 2 节　没有任何经验，只能勤奋弥补

1968 年，任正非从重庆建筑工程学院毕业，入伍当了一名工程兵，在军队整整待了 14 个年头，直到 1982 年才以副团级干部身份转业。

1982 年，中国大裁军，工程兵部队成建制取消，38 岁的任正非从军队转业到深圳，在当时深圳最好的企业之一——南油集团下面的一家电子公司，任副总经理。正是在那里，40 多岁的任正非遭遇了人生的第一个"冬天"：任正非做的一笔生意被别人骗了，200 多万元货款收不回来。在 20 世纪 80 年代末，200 万元不是一笔小数目，当年深圳月工资平均还不到 100 元。

创办华为并不是在我意想之中的行为，因为我们在 20 世纪 80 年代初期，中国军队大精简，我们是集体被国家裁掉了。我们总要走向社会，总要生产，我们军人最大的特点就是不懂什么叫作市场经济。我们觉得赚人家的钱这是很不好意思的事情，怎么能赚人家的钱呢？

还有就是给人家钱，人家就应该把货给我们，我们先把钱给人家有啥不可以的，人都要彼此信任，这就是军队的行

为，是不适应市场经济的。所以我刚到深圳的时候，就犯了错误，那个时候我是一家只有20多个人的小公司的副经理，有人说可以买到电视机，我说好，我们就去买，我们把钱给人家，人家说这个电视机没有，啥也没有。

这样一来，我就走上了追回这些款的漫长道路，这个过程是很痛苦的，并且我们上级并不认同我们，他们觉得是因为我们的盲目，不给我们钱，让我们自己去追。在追的过程当中，我没有任何人帮忙。于是，我把法律书都读了一遍。从这些法律书中，我悟出来市场经济的道理：一个就是客户，一个就是货源，中间的交易就是法律。

任正非认为，创造客户我不可能办到，因此要把住货源、要找到货源，还要熟悉交易的法律诉讼。我们那时一分钱都没有，没有货源怎么办，就只能寻求货源，我们就给人家做代理，最后还能把代理玩得溜溜转。

"我来帮你卖，收了钱我再留下一点，剩下的我再付给你。我们做代理的公司，一家是珠海通信，一家是香港红莲。但由于我们代理做得太好了，人家就以为我们要把市场占完了，就不给我们供货了。这样就把我们好不容易赚到的钱，逼到市场上去，高价买货，再来卖给客户，以此来维护市场信用。"

走过这个阶段，任正非就慢慢地理解什么叫作市场经济了。"当时在国有企业干得不好，人家不要我，我还写了保证书，我不要工资，我要把这家公司的债务追回来，然后，我再领着这家公司前进，最终人家也不要我。最后科伟说，你出来吧，你搞的都是大项目，不成功的，你就先搞小的。我们就出来了。出来就认为通信市场这么大，通信产品这么多，我搞一个小产品总有机会吧。

"由于幼稚我才走上了这条路。这个碗扁一点有啥关系，就卖便宜一点，照样可以吃饭。但是通信产品，指标稍稍有一点不合格，关系的是全程全网，会导致全世界通信都不能动，所以就不能做这件事。

"这样的话对一家小公司是极其残酷的，一家小公司要提高技术标准，怎么可能？我们就是付出了血的代价。我们不可能再后退，因为我们一分钱都没有了，因此华为就走上了这条不归路。"

这没有想象中的那么浪漫，也没有那么精彩，任正非认为，仅仅是为了生活，就被逼上了"梁山"。

早在 1998 年，华为就在全国建有 33 个办事处和 33 个用户服务中心，与 22 个省管局建有合资公司，在莫斯科设立代表处，在东欧 10 多个国家安装了设备，为中国香港提供了商业网、智能网和接入网。

在中国，创办一家企业，竞争对手是全球发达国家的世界级巨子，他们有几十年甚至近百年的积累，有欧美数百年以来发展形成的工业基础和产业环境，有世界发达国家的商业底蕴、雄厚的人力资源和社会基础，有世界一流的专业技术人才和研发体系，有雄厚的资金和全球著名的品牌，有深厚的市场地位和客户基础，有世界级的管理体系和运营经验，有覆盖全球客户的庞大营销和服务网络。

面对这样的竞争格局，面对如此的技术及市场壁垒，在中国，华为没有任何经验可以借鉴，只有通过勤奋弥补。

"谁能忍受别人忍受不了的痛苦，谁就能走到别人的前面。"个人的成长、企业的发展，无不都反复验证着这一逻辑。华为人从来都相信，天上不会自动掉下来馅饼。1994 年，华为第一次参加在北京召开的中国国际信息通信展，其展台上赫然写着："从来就没有什么救世主，也不靠神仙皇帝；要创造新的生活，全靠我们自己。"这正是华为过去和现在的真实写照。

很多人把华为称为"黄埔军校"，而任正非就是校长，据悉早期的华为人只能把所有的精力都投入到工作当中。华为内部只有一份可以刊登生活的内刊，名字是任正非起的，叫作《24 小时以外》，它的意思非常明显：在华为，如果想要享受个人的生活，只能是 24 小时以外了。

第 3 节　勤奋的时候，方向得对

28 年坚持只做一件事，即对准信息通信领域这个"城墙口"冲锋。几十个人的时候如此进攻，现在 17 万人还是这样冲锋。

别人炒房炒股，华为不为所动，坚持不上市。因为上市后，股东看到可以赚快钱，就会逼着企业横向发展，华为就不能守住"上甘岭"，攻进"无人区"。在华为，最重要的不是钱，而是理想。

华为花了 28 年时间向西方公司学习管理，每年花上亿美元请 IBM 顾问团队来帮助管理企业，这样才使得华为的生产过程走向了科学化、正常化。

全面学习西方公司的管理

任正非坦言创业之初绝无与国企争锋的念头，他笑称"国企留出个手指缝对当时的民企来说都是宽阔大路"。直到外资大规模进入后，任正非发现外国的工业体系更加完善，西方企业的技术、管理理念都为华为的发展指明了道路。他表示，华为多年来一直向先进的西方公司学习，尊重这些高科技产业的领路人。

华为坚定不移地持续变革，全面学习西方公司的管理。华为花了28年时间向西方学习，但任正非依然不满意，他认为华为至今还没有打通全流程，虽然华为和其他一些公司相比管理已经很好了，但和爱立信这样的国际公司相比，多了2万管理人员，每年多花了40亿美元的管理费用。所以华为还在不断优化组织和流程，提升内部效率。

丰田的董事长退休后带着一个高级团队在华为工作了10年，德国的工程研究院团队在华为也待了10多年，这才使得华为的生产过程走向了科学化、正常化。从生产几万元的产品开始，到现在几百亿美元、上千亿美元的生产，华为才越办越好。为此，华为每年要花费数亿美元的顾问费。

> 我们刚走出国门、走向全世界的时候，什么都不会，不知道什么叫交付，全是请世界各国的工程顾问公司帮助我们。我们第一步就是认真学习，使公司逐步走向管理规范化。现在我们正在自己往前一步，就想再做得更简单一些、更好一些。

> 要学会在中国管理市场经济，在中国你死我活的对打中还能活下来的话，就能身强力壮地出去跟别人打。我们要加强法律、会计等各种制度的建设，使自己强盛了才能走出国门。不然企业走出去会遇到非常多的风险，最后可能血本无归。所以我认为，中国企业要走出去，首先要法治化，要搞清楚法律，不是有钱就能投资的。

28 年坚持只做一件事

任正非说，未来二三十年人类社会将演变成一个智能社会，其深度和广度我们还想象不到。华为已感到前途茫茫，找不到方向，华为已前进在迷航中。

在任正非看来，华为正在本行业逐步攻入"无人区"，处于无人领航、无既定规则、无人跟随的困境。要想打破这一困境，任正非给出的药方是：坚持科技创新，追求重大创新。

任正非认为，华为现在的水平尚停留在工程数学、物理算法等工程科学的创新层面，尚未真正进入基础理论研究层面。重大创新是"无人区"的生存法则，没有理论突破、没有技术突破、没有大量的技术积累，是不可能产生爆发性创新的。

任正非认为，华为虽然近年来在应用性创新上到达极限，但是在理论性创新上一片空白，长此以往，我们原有的成绩必然被德国、美国等擅长"从 0 到 1"的国家击溃。

如何找到清晰的方向

事实上，任正非认为，一个清晰的方向，就是在混沌中产生的。他在华为内部反复讲解《灰度领导力，每个管理者的必备素质》：

一个领导人重要的素质是方向、节奏。他的水平就是合适的灰度。坚定不移的正确方向来自灰度、妥协与宽容。

一个清晰的方向，是在混沌中产生的，是从灰色中脱颖而出的，方向是随时间与空间而变的，它常常又会变得不清晰。并不是非白即黑、非此即彼。合理地掌握合适的灰度，是使各种影响发展的要素在一段时间和谐，这种和谐的过程叫妥协，这种和谐的结果叫灰度。

任正非在混沌、无常、灰度中摸索了 20 多年，慢慢体悟出"无中生有"的道理。经营企业必须对混沌、无常和灰度有一种体认，但同时必须要有一道闪电可以划破混沌的太空。这道闪电就是你必须要拿出独一无二的绝活来，如此你就必须"以客户为中心，以奋斗者为本，长期艰苦奋斗，坚持自我批判"。这是任正非哲学的阴阳两面，缺一不可。

任正非的灰度观带有哲学的色彩。

任正非在讲话中称，妥协的内涵和底蕴比它的字面含义丰富得多，而懂得它与实践更是完全不同的两回事。像华为的干部，大多比较年轻，血气方刚，干劲冲天，不太懂得必要的妥协，工作就会产生较大的阻力。

纵观中国历史上的变法，虽然对中国社会进步产生了不可磨灭的影响，但大多没有达到变革者的理想。任正非认为，面对他们所处的时代环境，他们的变革太激进、太僵化，冲破阻力的方法太苛刻。如果他们用较长时间来实践，而不是太急迫、太全面，收效也许会更好一些。其实这就是缺少灰度。方向是坚定不移的，但并不是一条直线，也许是不断左右摇摆的曲线，在某些时段来说，还会画一个圈。但是我们离得远一些来看，它的方向仍是紧紧地指着前方。

第 4 节　勤奋时要选择最擅长的事

一般的中国企业在做大了之后，就会很难抵御外界的诱惑，往往偏离了发展方向。很多企业之所以失败不是因为机会少，而是因为机会太多。太多伪装成机会的陷阱，使许多公司步入歧途而不能自拔。他们不断去尝试各种不同的行业领域，不停地挖井，到最后却一辈子都喝不到水。任正非表示：

> 华为 20 多年都只做一件事，就是坚持管道战略……人只要把仅有的一点优势发挥好了就行了，咬定青山不放松，一步一步就叫步步高。
>
> 华为公司也曾多次动摇过。人还是要咬定自己的优势特长持续去做。有人说我们做芯片不挣钱，人家做半导体的挣大钱，但是挣大钱的死得快，因为大家眼红，拼命进入这个市场。我们挣小钱怎么死呢？我们这么努力，比不上一个房地产公司，上帝先让我们死，就有点不公平。我和欧盟委员会副主席聊天，他问我，全世界的经济都不景气，你怎么敢大力发展？我说第一点，我们的消费是小额消费，经济危机和小额消

费没关系，比如你欠我的钱，我要打电话还是找你要钱，打电话就是小额消费。第二点，我们盈利能力还不如餐馆的毛利率高，也不如房地产公司高，还能让我们垮到哪儿去，我们垮不了。所以当全世界都在摇摆、人心惶惶的时候，华为公司除了下面的人惶惶不安以外，我们没有慌，我们还在改革。至少这些年你们还在涨工资，而且有的人可能涨得很多。我们为什么能稳定，就是我们长期挣小钱。

彼得·德鲁克曾说过："没有一家企业可以做所有的事情。即使有足够的钱，它也永远不会有足够的人才。"

世界500强企业中有很多都是能够集中优势和力量的"专才"。微软是软件专才，可口可乐是饮料专才，沃尔玛也是一个专才，他们对聚焦战略的理解是把公司的优势资源集中于某一个特定的细分市场，在该特定市场建立起比较竞争优势，比竞争对手更好地服务于这一特定市场的顾客，并以此获取高的收益率。所以他们都成为全球企业的领导者。

华为同样也只专注于一个领域。任正非认为走稳健的、专业化的道路才是华为的大战略。他的指导思想是：要有所为有所不为，只做自己最擅长的事，只进入最高附加值的领域。

华为从创建到现在只做了一件事，专注于通信核心网络技术的研究与开发，始终不为其他机会所诱惑。敢于将鸡蛋放在一个篮子里，把活下去的希望全部集中到一点上。华为从创业一开始就把它的使命锁定在通信核心网络技术的研究与开发上。

在1998年出台的《华为公司基本法》第一条就规定："为了使华为

成为世界一流的设备供应商，我们将永不进入信息服务业。通过无依赖的市场压力传递，使内部机制永远处于激活状态。"这就使得华为从制度上抵制住了多元化的诱惑。

"永不进入信息服务业！"公司的很多人在当时对任正非提出的这个规定深表不解。他们认为，信息服务不仅可以促进企业有形产品的销售，而且本身也具有很大的市场空间，甚至可以超过所谓传统的硬件设备收入。这在华为内部引起了激烈争论，任正非认真地聆听了大家的意见，直到建议删去这条限制成为主流意见时，他终于站出来对这条自己亲手加上去的"永不进入信息服务业"限制做出辩护。

我们把自己的目标定位成一个设备供应商，我们绝不进入信息服务业就是要破釜沉舟，把危机和压力意识传递给每一个员工。

进入信息服务业有什么坏处呢？自己运营的网络，卖自己的产品时内部就没有压力，对"优良服务是企业生命"的这一理解也就会淡化，有问题也会推诿，这样是必死无疑。我们这样先置于死地，也许会把我们逼成一流的设备供应商。

任正非的这条限制传递出了这样的意愿：华为只有无比专注地通过来自竞争的压力来不断提升自己，才能最终成长为世界级的企业，而这是唯一的道路，没有捷径。这或许可以被看作是任正非对于如何成为"世界级领先企业"的最原始、根源性的思考。

任正非曾自我解嘲说，无知使他跌进了通信设备这个全球力量竞争最激烈的角力场，竞争对手是拥有数百亿美元资产的世界著名公司。这个角力场的生存法则很简单：必须专注于战略产业。

创业之初，面对强大的竞争对手，任正非选择了"围绕核心技术、加大研发投入、逐个击破"的策略。

华为知道自己的实力不足，所以他们不是全方位地追赶，而是紧紧围绕核心网络技术的进步，投注全部力量。又紧紧抓住核心网络中软件与硬件的关键中的关键，形成自己的核心技术。在开放合作的基础上，不断强化自己在核心领域的领先能力。

华为立足于计算机与集成电路的高新技术，大胆创新，取得了一系列突破。每年投入销售额10%的资金用于科研开发，装备了大量精良的开发设备和测试仪器，并与国内外一些著名大学、研究开发机构和重点实验室建立了长期广泛合作与交流，与国际上知名公司和供应商建立了良好稳定的伙伴关系。

为了保证在技术领域的持续投入，将公司的资源集中在技术研发等核心业务上，任正非决定将华为其他非核心业务分离出去。他反复强调，华为决不能什么都自己做，"只有自给自足的农民才会自己什么都做"。因此，华为先后在国内找了200多家合作单位，提高合作单位的服务能力，逐步将设备的安装、调试和维护等非核心业务不断分包给那些合作单位。

任正非再次强调了其观点：

我曾和能源业务部门讲话时提过，华为公司的优势在于数理逻辑，不在物理界面。华为公司一定要在优势方面集中发挥。所以在材料科学方面，我更多地倾向于材料应用上的研究，而不是在材料的创造发明上。比如日本正在从整机收缩到部件，从部件收缩到材料，这对我们公司是一个天大的好时机，日本拼命做材料科学研究的时候，我们研究的是怎么用这些东西，使产品做得比美国好，我们就用了巧力。大家都认为日本和德国的机器可靠，为什么不让日本人、德国人做我们的中间试验，把关我们产品的质量，好坏让日本员工、德国员工去定义。

我们要花精力理解你的这个创造发明对我有什么用，从这个角度出发，我们和世界达成互补性的经济关系，多交一些朋友，才能有助于达成主要的战略目标。所以在材料科学上我更多倾向于应用，即应用最新科技材料。我们的基站为什么还达不到更高的水平，因为还有一些日本的材料成本太高，目前我们还不敢用。材料实验室能不能研究怎么用日本的材料，研究明白了，材料价格降下来时，我们就用来武装自己，产品一下子就能变成世界级优秀产品了。我们不是要做一个全方位的综合科学院，什么都做，最后一事无成。

第 5 节　反对高级干部埋头苦干

"我在干部大会上讲，'反对高级干部埋头苦干'，要多参加业界会议，与业界人士交谈；'一杯咖啡吸收宇宙能量'，敢于与世界名流喝咖啡，听听人家的想法，也会给我们启发，少走弯路。"

任正非对干部的要求有三条：点兵、布阵、请客吃饭。

点兵：关注下属，培养下属；爱兵切，用兵狠。

布阵：团队建设，提升组织能力，优化组织氛围。

请客吃饭：关注客户，以客户为中心，与客户结成不打领带的关系。见不到客户的人，就请下属或周边部门的人吃饭。

他多次说过：在公司谁请客多，谁就提拔得快。大数据分析证明：这绝非谬误，请客吃饭与干部提拔存在强大的相关关系。

随着华为的全球化进程，"请客吃饭"这带有浓重中国特色的词被任正非抛弃了。现在变成了"点兵、布阵、喝咖啡"，一词之变，立马上档次，高大上了。

有句名言：Given enough coffee，I could rule the world. 翻译过来就是，给我足够的咖啡，我就可以统治世界。

高级干部要少干点活儿，多喝点咖啡。视野是很重要的，不能关在家里埋头苦干。美国是很开放的，这是我们不如美国的地方。最近胡厚崑写了篇文章——《数字社会的下一波浪潮》，就专门讲"过去拥有的知识已经没有意义了"，知识不是最重要的，重要的是掌握知识和应用知识的能力和视野。我做过一个测试，让服务员制作榴弹炮，他们之前对榴弹炮完全没有概念，通过上网搜索原理和图纸，之前完全不懂榴弹炮的人瞬间就进入了这个领域。

在接受海外记者采访及内部聊天的时候，任正非也多次表示，退休后要开间咖啡馆。任正非要求华为的Fellow（代表华为公司专业技术人员重大成就的最高称号）多出去和一些大师接触，他这样说道：

一杯咖啡吸收宇宙能量，你们这些Fellow的技术思想为什么不能传播到博士和准博士这些未来的"种子"里面去？你们和大师喝咖啡，现在为什么不能和"种子"喝咖啡？喝咖啡是可以报销的。

别怕说白培养了，不来华为，他总为人类服务的吧？把能量输入到"种子"阶段，这样就形成庞大的思想群。就像一块石头丢到水里面引起波浪一样，一波一波影响世界。你们一个Fellow能交5个这样的朋友，一个人几百个粉丝，一算就影响了多少人。交流也是在提升我们自己，因为我们真的想不清楚未来是什么。

华为公司的圈子还太小，你们这些Fellow都不出去喝咖啡，只守在土围子里面，守碉堡最终也守不住的嘛。你们这些科学家受打卡的影响被锁死了，在华为上海研究所这个堡垒里面怎么去航海？去开放？航海的时候怎么打卡？发现新大陆怎么打卡？沉到海底怎么打卡？从欧洲通向亚洲的海底有 350 万艘沉船，那些沉到海底的人怎么打卡？所以，我们的管理要开放模式。

任正非认为，华为要走向世界，最缺的就是思想家和战略家。如果华为人都只会英勇奋战，思想错了，方向错了，华为越厉害就越有问题。所以任正非希望华为人中间不光是能产生技术专家，还要产生思想家，才能构筑未来的世界。

任正非要求高级干部与专家要多参加国际会议，多与人"喝咖啡"，与人碰撞，不知道什么时候就擦出火花，"回来写个心得，你可能觉得没有什么，但也许就点燃了熊熊大火让别人成功了，只要我们这个群体里有人成功了就是你的贡献。公司有这么多务虚会就是为了找到正确的战略定位。这就叫'一杯咖啡吸收宇宙能量'。"

"一杯咖啡吸收宇宙能量"，任正非还在军队实习的时候，已经切切实实地体会到了。他在达沃斯的一次演讲中这样说道：

我在军队实习的时候，就有幸上了西安交大的班，交两块钱就可以读这个班，我读了这个班才知道什么叫作计算机。那个时候我们听了一个来自826部队的所长为我们作的报告，他是中国第一代计算机人。改革开放以后，他是前10个访问美国的科学家之一，回来后就跟我们讲计算机，讲计算机用于管理，计算机用于什么，他给我们讲了两小时计算机，我们一句话都没听懂。

　　但是我认为他给了我们很大的启蒙，给了我们人生方向，我觉得在座的这些达沃斯的精英，有机会都去跟农村的孩子谈一次心，喝一次咖啡，我觉得或许能改变他们的命运，就像我一样，我就不知道跑去学建筑，学了半天不干建筑，不等于白学了吗？

第 **2** 章

艰苦奋斗：
华为创立的初始逻辑

CHAPTER 2

　　任正非一贯倡导的艰苦奋斗精神是华为从小到大、从弱到强的基础价值观，或者叫最原始的文化基因，但如何让17万富有不同个性与不同人格的知识分子认可并奉行不悖，就必须"以奋斗者为本"。

　　这是一种赤裸裸的交换原则，但这恰恰是商业的本质所在。华为所推行的"工者有其股"不是简单的"市场经济条件下的社会主义大锅饭"，而是有差别的、建立在奋斗文化基因之上的、科学化的人力资源激励政策。"艰苦奋斗"与"以奋斗者为本"构成了华为创立的初始逻辑。

第 1 节　奋斗一定是有代价的

"艰苦奋斗"主要是指在艰难困苦的条件下奋发努力，斗志昂扬。在如今的新形势下，"艰苦奋斗"的意义远远超出了外在的口号和形式。在思想开放、理念更新、生活多样化的时代，坚持艰苦奋斗，意味着坚持一种生活准则、一种工作作风、一种利益观念、一种精神状态。

任正非在其文章《天道酬勤》中这样描述艰苦奋斗：

> 艰苦奋斗是华为文化的魂，是华为文化的主旋律，我们任何时候都不能因为外界的误解或质疑动摇我们的奋斗文化，我们任何时候都不能因为华为的发展壮大而丢掉了我们的根本——艰苦奋斗。

华为的 20 多年经历了两个世纪，在 20 世纪最后 12 年里，华为尽管面对的是"知识工作者"群体，但相对而言，他们仍是传统中国文化背景下成长起来的一代知识分子。"艰难困苦，玉汝于成"的艰苦奋斗哲学是中华民族千年积淀下来的精髓，以艰苦奋斗为内核的雷锋精神曾经影响了几代人。20 世纪最后 12 年里的华为员工无不是在这样的文明熏陶下成长起来的。

1991 年 9 月，50 多名华为人在宝安县蚝业村工业大厦 3 楼开始了创业之路。"一层楼既是生产车间、库房，又是厨房和卧室。十几张床挨着墙边排开，床不够，那就在泡沫板上加床垫代替。无论是领导还是普通员工，累了睡一会，醒来接着干。"一位老华为人这样回忆起当年的情况。华为给外界"魔鬼"般的印象就是来自华为研发人员的工作方式。

对于不需要守在电脑边的市场人员来说，其实也一样需要加班，只是地点不同。虽然他们看上去西装革履，满面春风，但是同样面临极大的压力，工作也辛苦，生活没有规律。

被任正非称作"软件大师"的张云飞，在华为工作了 7 年多，一直主持软件开发。早期的几年，他几乎天天工作、睡觉都在办公室。一个大办公室靠墙的地上，铺着十几张床垫，类似统一的大通铺。也没有人规定上下班时间，但人人都加班到深夜，而张云飞则要在大家睡觉后，把每个人修改的代码审查一遍，然后重新整合在一个版本里，再上机加载测试验证一下后发布出来……这时候差不多天也亮了，张云飞才去睡觉。长期的日夜颠倒，使他患上了重度失眠症……

奋斗一定是有代价的，华为现任、离任的一批"创始元老"和高层管理者都有长年依赖安眠药才能入睡的经历……

华为一位高管的解释是："创业初期，我们的研发部从五六个开发人员开始，在没有资源、没有条件的情况下，秉承上个世纪'两弹一星'艰苦奋斗的精神，以忘我工作、拼命奉献的老一辈科技工作者为榜样，大家以勤补拙、刻苦攻关、夜以继日地钻研技术方案，开发、验证、测试产品设备……没有假日和周末，更没有白天和夜晚，累了就在地板上睡一觉，醒来接着干，这就是华为'垫子文化'的起源。虽然今天床垫主要是用来午休，但创业初期形成的'垫子文化'记录的是老一代华为人的奋斗和拼搏，是我们宝贵的精神财富。"

2016 年 10 月，在华为第二次海外出征誓师大会上，任正非这样总结道：

> 20 多年前我们走出国门，是为了证明身份。我们曾借用苏联红军克洛奇科夫·季耶夫·瓦西里·格奥尔吉耶维奇的一句口号："背后就是莫斯科，我们已无退路。"同样，我们也根本没有任何退路。我们向前走，被认为是共产主义在进攻，退后被认为是资本主义在萌芽。当我们拖着疲惫的身体回到家里时，面对陌生的妻儿，一句话也说不出来，因为对客户说得太多了。在最需要陪他们玩游戏，给他们讲故事的时候，我们的时间完全被生存战全部绞杀了。儿女总有一天会明白他们的父母无怨无悔的一生，明白他们父母像中央空调一样温暖了全人类，没有像电风扇一样只吹拂他们的伟大情怀。

在华为成立 18 周年庆祝会上，任正非这样说："18 年来，公司高层管理团队夜以继日地工作，有许多高级干部几乎没有什么节假日，手机 24 小时不能关机，随时随地都在处理随时发生的问题。现在，更因为全球化后的时差问题，他们总是在夜里开会。我们没有国际大公司积累了几十年的市场地位、人脉和品牌，没有什么可以依赖，只有比别人奋斗更多一点，只有在别人喝咖啡和休闲的时间努力工作，只有更虔诚对待客户，否则我们怎么能拿到订单？"

奋斗文化会必然导致自杀吗？恐怕不能简单地下结论。华为早年创业时的条件极其艰苦，但那时的华为人却充满了理想主义激情和忘我的进取精神，从未有过自杀、跳楼的事件发生。

任正非对员工以办公室为家的情况也很了解，早在 1996 年他就曾在其题为《不要忘记英雄》的演讲中指出：

> 要逐步减少加班，使员工的身体健康得到保障。有健康的身体，才有利于形成艰苦奋斗的作风。我们要对早期参加工作消磨了健康的员工，有卓越贡献而损害了健康的员工，对担子过重而健康不佳的中高级干部提供更好的疗养条件，使他们恢复健康。百年树人，不能因一时的干旱，毁坏了我们宝贵的中坚力量。

第 2 节　艰苦奋斗 ≠ 加班

很多人认为华为的那种只顾进攻而不顾念到人性的文化已经不合时宜。但是，一个不为大众所知的事实是，任正非从 2000 年开始就很少提"狼性文化"了。但任正非认为艰苦奋斗的精神是华为文化的重要组成部分，它是华为文化的魂，是华为之所以能走到今天的最重要的推力，是华为无论何时何地都必须坚持的重要文化。任正非表示：

> 我们会不断改善物质条件，但是艰苦奋斗的工作作风不可忘记，忘记过去意味着背叛。我们永远强调在思想上艰苦奋斗。思想上的艰苦奋斗与身体上的艰苦奋斗的不同点在于：思想上的艰苦奋斗是勤于动脑，身体上的艰苦奋斗只是手脚勤快。

华为人常常谈"艰苦奋斗"，把这几个字挂在嘴边，可是什么才是真正的"艰苦奋斗"呢？怎样才能真正做到"艰苦奋斗"呢？一位华为人有着这样的观念转变：

刚开始我认为加班就是"艰苦奋斗"。那段日子里，我经常加班到深夜，周末也不休息，天天开开心心地过着"两点一线"的小日子。当然，并不是说我都在加班磨洋工，也是在实实在在地做事。由于自己知识经验比较少，也很愿意多花一些时间精力让自己更快成长，更好地完成交付。因此，我得到了部门主管的认可，这又更加坚定了肯吃苦，在公司就能站得住脚的想法。那时候的我，简单甚至是鲁莽地认为"艰苦奋斗 = 加班"。

直到我成为 PL（Project Leader，项目组长），第一次参加集体评议，当我反复强调项目组某某加班到很晚，所以希望能给予好一点的考评结果时，我的主管立即告诉我，评价一个人不是看他辛不辛苦、累不累，而是看他最终在工作中交付的成果。于是我不再争辩，同时也"颠覆"了我对"艰苦奋斗"的认识。我又再次对艰苦奋斗下了定义，"艰苦奋斗 ≠ 加班"，艰苦奋斗是要结合绩效来考虑的，再怎么加班，如果最终的交付没有让客户满意，那是不会被认可的。

2016 年，华为第二次誓师，让 2000 名研发"将士"出征海外，在这次誓师大会上，任正非表示：

今天能达到 800 多亿美元的销售收入，融进了多少人的青春、血汗与生命。我们今天成功了，但不要忘记一起奋斗过的人，不要忘记不管是因公还是因私，献出了生命的人。我们今天已有大片土地，一定能找到纪念他们的形式。

今天我们的勇士又要出征了，我们已经在 170 个国家拥有了"武装到牙齿的铁一般的队伍"，我们的流程 IT 已经能支持到"单兵作战"。每年我们仍会继续投入上百亿美元，改善产品与作战条件。

第3节 天道酬勤，功不唐捐

彼得·德鲁克曾经明言警告："在迅速扩充的公司里成长起来的人，当企业进入一个巩固和调整的时期时，他们可能恰恰成为毁灭公司的力量。"他绝不是在危言耸听。

当公司处于"穿着红舞鞋跳舞"的快速发展时期，人人都是喜气洋洋的。很多人进入公司得到就业的机会，很多人被提拔为经理，很多经理拥有的权力和实惠得到扩大。可是当经济的发展一旦缺乏动力，公司不得不停下来巩固和调整的时候，喜气洋洋的局面顿时消失了，即使不是人人自危，至少也是人人不满。很少有人会愿意主动地放弃自己已经享受到的实惠和位置，或是愿意主动地放弃自己晋升的机会，或是愿意主动地从岗位上退下来，以支持公司的调整或重组。因为人们的欲望还在随着不疲倦的红舞鞋的步子在跳舞。为了避免可能出现的尖锐痛楚和撕破脸面的难堪相对，为了安抚骚动不安的人心，重新获得公司的一团和气（即使只是表面上的），公司只有勉为其难地继续保持向前高速发展的势头，穿着红舞鞋不停地跳下去，直到骨头架子全散开。很多公司就是因为如此而没有活下来，很多公司今天也正面临着这样进退维谷的困境。

华为同样面临这个问题，这也是华为不断强调危机意识，不断强调奋斗文化的一个原因。

在华为创办 20 多年后，任正非之所以重新强调奋斗文化这一主题，是源于 2006 年的"胡新宇事件"。当胡新宇因加班过度而失去年轻生命的时候，人们不禁发出疑问，昔日曾笼罩在层层光环下的"狼性文化"过时了吗？因此任正非的这篇《天道酬勤》可谓是为时而作。他这样写道：

> 世间管理比较复杂困难的是工业，而工业中最难管理的是电子工业。电子工业有别于传统产业的发展规律，它技术更替、产业变化迅速，同时，没有太多可以制约它的自然因素。例如，汽车产业的发展，受钢铁、石油资源及道路建设的制约。而用于电子工业的生产原料是取之不尽的河沙、软件代码、数学逻辑。正是这一规律，使得信息产业的竞争要比传统产业更激烈，淘汰更无情，后退就意味着消亡。要在这个产业中生存，只有不断创新和艰苦奋斗。而创新也需要奋斗，是思想上的艰苦奋斗。华为当年由于幼稚不幸地进入了信息产业，我们又不幸学习了电子工程，随着潮流的一次次更替，被逼上了不归路。创业者和继承者都在销蚀着自己，为企业生存与发展顽强奋斗，丝毫不敢懈怠！一天不进步，就可能出局；三天不学习，就赶不上业界巨头。这是严酷的事实。

任正非分析说，华为之所以能在 2000 ～ 2003 年的 IT 泡沫破灭的艰难时期活下来，是因为华为当时在技术和管理上太落后，而这种落后让公司没能力盲目地追赶技术驱动的潮流。但是，如今西方公司已经调整过来，不再盲目地追求技术创新，而是转变为基于客户需求的创新，华为再落后就会死无葬身之地。再者，信息产业正逐步转变为低毛利率、规模化的传统产业。2005 年 10 月，爱立信收购马可尼；2006 年 3 月，阿尔卡特与朗讯合并；2006 年 6 月，诺基亚与西门子联合宣布将两家公司的电信设备业务合并……这些兼并、整合为的就是应对这种挑战。而华为相对还很弱小，要生存和发展就必然面临更艰难的困境，只能用在别人看来很"傻"的办法，就是艰苦奋斗。

华为不战则亡，没有退路，只有奋斗才能改变自己的命运。

任正非指出，华为走到今天，在很多人看来已经很了不起了，已经很成功了。有人认为创业时期形成的"床垫文化"、奋斗文化已经过时了，可以放松一些，可以按部就班。这是很危险的。任正非表示：

> 繁荣的背后，都充满危机，这个危机不是繁荣本身必然的特性，而是处在繁荣包围中的人的意识。艰苦奋斗必然带来繁荣，繁荣后不再艰苦奋斗，必然丢失繁荣。"千古兴亡多少事，不尽长江滚滚流"，历史是一面镜子，它给了我们多么深刻的启示。我们还必须长期坚持艰苦奋斗，否则就会走向消亡。当然，奋斗更重要的是思想上的艰苦奋斗，时刻保持危机感，面对成绩保持清醒头脑，不骄不躁。

而这种繁荣，事实上也是华为人通过艰苦奋斗获得的。为了将这种繁荣维持下去，华为还将必须继续奋斗下去。

华为于茫然中选择了通信领域，是不幸的，这种不幸在于，所有行业中，实业是最难做的，而所有实业中，电子信息产业是最艰险的。这种不幸还在于，面对这样的挑战，华为既没有背景可以依靠，也没有任何资源在手。因此华为人尤其是其领导者将注定为此操劳终生，要比他人付出更多的汗水和泪水，经受更多的煎熬和折磨。

天道酬勤，功不唐捐，最重要的是行动。种子，会在你意想不到的时间和地点发芽结果。很多问题，不是靠想象就能解决的，你必须亲自去做，在行动中去消除障碍。

华为 Fellow 孙立新在上海研究所 2013 年新员工大会上这样说道：

"我们的脑袋里总是装着很多想法，心中怀揣着很多理想。100 个人会有 100 种想法和理想。但想法再多，理想再多，最根本的还是在于行动。这与公司倡导的'天道酬勤'是一个道理，'功不唐捐'更平和一些。简单地说，不要总是想着付出就一定要回报，面对眼前的工作，实实在在地去干，付出自己全部的努力，收获自然会有到来的那一天。

"我记得 2002 年，老余（余承东）硬着头皮要去欧洲做实验网。首先碰到的就是专利问题。前面我提到过德国沃达丰替西门子向华为提出警告，要我们签订协议。但为什么对爱立信、诺基亚没有提出警告呢？不是他们心地善良，而是我们在还没有去做实验网之前，已与他们签署了专利协议。当时印象很深刻，临走之前，老余对我说，我们无线专利有很多，把这些都打印出来。

"我打印了全部专利，非常厚的一叠。说实话，当时我们都不懂如何去与别人谈判。在谈判现场，对方一开头就问我们：你们的专利能够与哪个标准对上？而专利不'对上'，协议就没有许可价值。经过了这件事以后，我们才更深刻地知道应该如何更好地去写作专利。2003 年初，爱立信终于邀请我们去签署 IPR（知识产权）许可协议，在当时我们是根本想都不敢想以后能与爱立信实现零交叉。我们就是这样经过一年一年的努力，才达到了今天这个目标。当然，今天爱立信不再与我们签署协议了，之前的协议在去年（2012 年）12 月 31 日到期，我们一直在联络爱立信，希望继续签署，但爱立信不再回应，因为他们知道，一方面已经是收不到我们的钱了，另一方面反而担心会因为签署协议的事，我们都会拿来在各个适合的机会进行客户宣传，这样的方式，会对他们非常不利。所以，就干脆不签署协议了。

"大家有机会到 3GPP（3rd Generation Partnership Project，第三代合作伙伴计划，成立于 1998 年，由许多国家和地区的电信标准化组织共同组成，是一个具有广泛代表性的国际标准化组织，是 3G 技术的重要制定者）网站下载一些文稿，可以发现华为公司提交的提案和声明的专利数已经超过爱立信。所有这些都表明，只有自己亲自去做，并尽努力做了，踏实、坚定地走好自己的路，才会等到回报的那一天。'功不唐捐'，最重要的是行动。"

胡适曾这样说过："佛典里有一句话：'福不唐捐。'唐捐就是白白的丢了。我们也应该说：'功不唐捐！'没有一点努力是会白白的丢了的。在我们看不见、想不到的时候，在我们看不见的方向，你瞧！你（埋）下的种子早已生根发叶、开花结果了！"

任正非认为，华为给员工的好处就是"苦"，没有其他。任正非这样说道：

> "苦"后有什么？有成就感、自己能提高收入、看着公司前进方向有信心……这就是新的东西，这就是吸引员工的地方。华为奋斗在非洲的各级骨干大多数是"80 后""90 后"，他们是有希望的一代。

第 4 节　长期艰苦奋斗不会变

　　任正非表示，华为长期艰苦奋斗的文化是不会变化的。这不是中国特色，这是人类特色。第一，你要成功，就要奋斗。第二，你要想吃饭，就得要做工，没人为你做马牛。凭什么你享乐的时候，让我们挣钱养活你啊。

　　　　我们奋斗的目的，主观上是为了自己和家人的幸福，客观上是为了国家和社会。主观上就是通过我们的努力奋斗，换来家人的幸福生活；客观上我们给国家交税，让国家用税收收入去关怀爱护其他人。

　　华为全球员工约 17 万，员工身后所担负的家庭人员多达几十万人。正是因为华为人的家人们的默默付出，才成就了华为人的奋斗，成就了华为的发展壮大。任正非坦承给员工的家人奖励面太窄，希望每位员工春节回家能向家人表达真诚的爱：给太太、先生洗回脚，给爸爸、妈妈洗回脚。

　　2009 年，一名华为刚派驻西非的产品经理描述道："来到海外后才切身体会到什么叫'宝剑锋从磨砺出，梅花香自苦寒来'。"他目睹并亲身感受到华为人是如何在贫困、恶劣、单调乏味、疟疾横行的工作环境下坚持工作，凭着惊人的吃苦耐劳精神和坚强的意志力，用辛勤的双手，创造出辉煌的业绩。

华为的海外员工如此艰苦奋斗，他们的家人过得怎么样？在一篇刚果代表处家属团的肯尼亚游记中我们能找到答案。文章中，编者这样写道："刚果代表处英雄的太太到世界顶级度假区马赛马拉度假，到刚果北部看金刚，在迪拜购物，去往津巴布韦看世界第一大瀑布……英雄的家人们，为拓展视野，为传播文明，在130多个国家的土地上留下快乐的足迹。"

华为人主观上为了自己与家人的幸福而努力，客观上为了国家、民族、公司去奋斗，这种主客观的统一，构成了华为人丰富多彩的奋斗人生。

中央电视台有一档《中国人在非洲》专题节目，其中有一集就是讲述华为年轻人在异国他乡奋斗的故事：他们住在简陋的宿舍里，自己动手做饭，为安装通信设备，自己动手开山辟路，设备运送免不了肩扛手提。"长期坚持艰苦奋斗"的企业文化，在这些充满朝气的"80后""90后"身上成为一种习惯。

针对有些学者提出的我国要尽快从"中国制造"走向"中国创造"的观点，任正非深有感触地说：

"这些人忽略了创造是一个缓慢的过程，它所付出的心血是非常巨大的，而且是死了多少公司，才成功了少量的企业。华为20多年的炼狱，只有我们自己和家人才能体会。这不是每周工作40小时就能完成的。华为初创时期，我每天工作16小时以上，自己没有房子，吃、住都在办公室，从来没有节假日，想想这是十几万人 20 多年的奋斗啊！不仅仅是在职员工，也包括离职员工的创造。怎么可能会在很短的时间里，每周只工作 40 小时，轻轻松松地就完成产业转换和产业升级呢？每周工作 40 小时，只能产生普通劳动者，不可能产生音乐家、舞蹈家、科学家、工程师、商人……"

中国一家著名企业的总裁在回答一位美国企业家的提问"你们公司怎么在 30 年间做到了世界领先"时，答道："不，我们是 60 多年，因为我们每天是 2×8 的时间在工作……"

当华为面对全球征战的时刻，当华为有可能实现和平崛起时，华为提出来了它的核心价值观——艰苦奋斗。那是因为华为看到了刚才所谈的这一切都是表象，所有高科技背后的核心本质是人，是人的智慧。而这种智慧一定不是表面的思考，是发自内心的奋斗，是死亡边缘的压力，是发自内心的经过长期艰苦奋斗，最后迸发出来的智慧，这才是真正的最高智慧。

所以，当我们身处今天这个浮躁的时代，面对所谓的"高科技"，华为是冷静的、是冷峻的。它重新认识到，创造这一切所谓的表象价值的背后是人，是人的精神。艰苦奋斗给了我们一个启发：人是创造价值的根本源泉。不管你是处于高科技行业还是互联网行业，如果不能真正实现从企业文化核心价值观以及人力资源的角度，去形成对组织未来发展的根本原动力的思考，这个组织就无法走远。

第 **3** 章

不用金钱，
用时间来衡量一切

CHAPTER 3

　　为了得到某样东西，人们付出的不是金钱而是时间。如果你盘算着"5 年之后，我就能攒够钱买栋别墅了"，那实际上你的意思是那栋别墅将花费你 5 年的时间。别再用金钱来衡量你的工作和购物了，还是用时间来衡量吧。仔细想想，什么才值得你花一生的时间来追求呢？如果你从这个角度审视自己的工作，那你的时间管理方式可能大有改观。

第 1 节　找到最重要的事

　　　　要紧紧抓住那些并不紧急而十分重要的事，以引导部门正确前进。各大部门的副职应从日常工作抓起，要一条一条地去理清，紧紧抓住那些十分紧急而又不十分重要的事，一步一步地把部门向前推进。

　　任正非如是说。

　　如果凡事都能分清轻重缓急，只着力于最重要的事，那么"摘月"便指日可待。追求卓越的方法就是在你的人生中制造出"多米诺效应"。

　　推倒多米诺骨牌相对简单，垒好骨牌后轻推第一块就行了。但现实中的事却麻烦多多，它们可不会按顺序排好，还告诉你"从这里开始发力"。卓有成效的华为管理者深知这一点，所以他们每天都会为当天要处理的事情排好优先次序，完成最紧要的事就像推倒第一块多米诺骨牌，接着剩下的问题都会迎刃而解。

　　博学的人会花时间学习，技艺精湛的人会花时间锤炼技术，成功的人会花时间做事，富有的人会花时间赚钱。

时间是关键。成功总是逐步获得的，一步一个脚印，一次做好一件事。

根据重要性和紧迫性，我们可以将所有的事件分成 4 类（即建立一个二维四象限的指标体系），它们分别是：

第一类是"重要且紧迫"的事件，例如：处理危机、完成有期限压力的工作等。

第二类是"重要但不紧迫"的事件，例如：防患于未然的改善、建立人际关系网络、发展新机会、长期工作规划、有效的休闲。

第三类是"不重要但紧迫"的事件，例如：不速之客、某些电话、会议、信件。

第四类是"不重要且不紧迫"的事件，更直接地来说是"浪费时间"的事件，例如：阅读令人上瘾的无聊小说、收看毫无价值的电视节目等。

华为时间管理培训指出，第三类的收缩和第四类的舍弃是众所周知的时间管理方式，但在第一类与第二类的处理上，人们却往往不那么明智——很多人更关注于第一类的事件，这将会使人长期处于高压力的工作状态下，经常忙于收拾残局和处理危机，这很容易使人精疲力竭，长此以往既不利于个人也不利于工作。

被誉为"世界第一 CEO"的杰克·韦尔奇认为，企业领导必须"忙碌"一些有意义的工作。韦尔奇说："有人告诉我，他一周工作 90 小时以上。我对他说：'你完全错了！请写下 20 件每周让你忙碌 90 小时的工作，进行仔细地审视。你将会发现，其中至少有 10 项工作是没有意义或可以请人代劳的。'开诚布公地说，我就特别反感形式主义。有的企业领导赞美'勤奋'而漠视'效率'、追求'数量'而不问'收益'。

'勤奋'对于成功是必要的，但它只有在'做正确的事'与'必须亲自操作'时才有正面意义。我们不妨在'勤奋'之前先问问自己：这件事是必须要做的吗？是必须由我来做的吗？"

对于华为人来说，最重要并且最紧迫的事情是什么，那就是客户的事情。

在将近 30 年的时间里，华为对客户的需求有着宗教般的虔诚，把对客户的诚信做到了极致。在利比亚战争期间，炮火不断，利比亚军队呼唤华为人去抢修通信网，年轻的华为人二话没说背起背包就往一线走！日本地震引发福岛核电站核泄漏，核泄漏容易致癌，所有国家的人都在往后撤，年轻的华为人又是背起背包就往一线走。

华为曾用一双芭蕾舞者的脚来作为企业形象，这双芭蕾舞者的脚一只脚穿着舞鞋优雅光鲜，另一只脚却赤裸并伤痕累累。这双芭蕾舞者的脚，就是诠释了华为公司的奋斗形象：华为公司已经很成功了，但是，为了把对客户的诚信做到极致，为了给客户呈现出完美的绝活，他们愿意继续在肉体上、思维上、精神上、灵魂上撕裂自己。这是顶级芭蕾舞者的心愿，这也是全世界华为人的心愿。

第 2 节　时间分配：80/20 法则

　　"80/20 法则"是意大利经济学家帕雷托提出的，他认为：原因和结果、投入和产出、努力和报酬之间本来存在着无法解释的不平衡，一般情形下，产出或报酬是由少数的原因、投入和努力产生的，若以数学方式测量这个不平衡，得到的基准线是一个 80/20 关系——结果、产出或报酬的 80% 取决于 20% 的原因、投入或努力。举例说明：

　　80% 的销售额是源自 20% 的顾客；

　　80% 的电话是来自 20% 的朋友；

　　80% 的总产量来自 20% 的产品；

　　80% 的财富集中在 20% 的人手中；

　　20% 的人口与 20% 的疾病，会消耗 80% 的医疗资源。

　　帕雷托认为：在任何特定群体中，只要能控制具有重要性的少数因子，就能控制全局。这个原理经过多年的演化，已变成当今管理学界所熟知的 "80/20 法则"，即 80% 的价值是来自 20% 的因子，其余 20% 的价值则来自 80% 的因子。

　　一般情况下，人们习惯先做喜欢做的事，然后再做不喜欢做的事；或先做熟悉的事，然后再做不熟悉的事。很显然，这些都不符合高效工作方法的要求。

"80/20 法则"给我们的一个重要启示便是：避免将时间花在琐碎的不产生最大效能和价值的多数问题上，因为就算你花了 80% 的时间，你也只能取得 20% 的成效，应该将时间花在重要的少数问题上，因为解决这些重要的少数问题，你只需花 20% 的时间，便可取得80% 的成效。

陆明是一家进出口公司的顶尖业务员。刚入行那会儿，他每天工作12 个小时以上，但业绩始终不好。一次偶然的机会，他从独立创业的同学那儿知道了"80/20 法则"，猛然间若有所悟，决定将自己的工作方案重新改良一番。

他把自己的所有客户都列在一张纸上，然后按照重要程度一一排序。他发现，压根没有购买欲望的客户占总人数的 60%，有购买欲望的客户占总人数的 30%，有强烈购买意愿的客户仅占总人数的 10%。于是，他把那 60% 压根没有购买欲望的客户从自己的客户群中彻底删除，然后开始盘算如何分配时间去面对剩下的 40% 的客户。

经过一番思考，他决定拿出 80% 的时间和精力去应对那些有强烈购买欲望，并且有足够经济实力的客户，拿出 20% 的时间和精力去应对那些虽有购买欲望，但意愿不够强烈的客户。

按照新的工作方案忙碌一段时间后，陆明最直接的体会是，他的工作时间缩短了，由原来的 12 个小时缩短为 8 个小时。另外，由于把大部分精力用在了最重要的客户上，事先做足了各方面准备，客户对他的满意度也有所提升。结果，没用多长时间，有一家重要大客户就和他签约了。经过 3 年多的磨炼，陆明最终成为公司的顶尖业务员。

传统的销售方法是客户先交了订金，待收到产品后再将产品的余款全部付清。但是，华为销售人员却发现：虽然一部分客户具有购买意向，但不得不放弃产品购买，因为他们无力马上拿出大额的款项。2004年，华为申请到政策性银行的支持，自此开始大规模地为客户提供信贷。这一系列融资措施催发、支持了华为在海外急速扩张的势头。事实证明，2005年后，华为的合同销售额增长的80%以上来自海外市场。

不难发现，华为为客户提供信贷的行为正是利用了"80/20法则"——优先考虑带来80%利润的20%的客户，也就是将工作中80%的时间和精力留给了这些带来80%利润的重要客户。并且，"80/20法则"意味着掌握工作中的重点，这种方法也可以使实际工作结果与工作计划不发生偏差；即使有时间危机时，我们仍然可以保证最关键的20%的事务具有最高优先级。

第 3 节 集中精力干好一件事

华为坚定不移只对准通信领域这个"城墙口"冲锋。我们成长起来后，坚持只做一件事，在一个方面做大。华为只有几十人的时候就对着一个"城墙口"进攻，几百人、几万人的时候也是对着这个"城墙口"进攻，现在十几万人还是对着这个"城墙口"冲锋。密集炮火、饱和攻击，每年 1000 多亿元的"弹药量"炮轰这个"城墙口"，研发费用近 600 亿元，市场服务费用 500 亿元到 600 亿元，最终在大数据传送上我们领先了世界。引领世界后，我们倡导建立世界大秩序，建立一个开放、共赢的架构，有利于世界成千上万家企业一同建设信息社会。

任正非如是说。

很久前，华为楼下有个交易所，买股票的人里三层外三层包围着。而在楼上的华为则平静得像水一样，员工都在干活。华为就是专注做一件事情——攻击"城墙口"。

做事集中精力，是由人的特点所决定的。其理由是：要做的重要贡献非常多，而可做贡献的时间却十分有限。集中精力也是出于这样一种需要：绝大多数人在一段时间里要做好一件事已经相当困难，如果要同时做好两件事自然就更不容易了。集中精力做好一件事之所以必要，是因为我们总有许多事要做。一次做好一件事，恰恰就是加快工作速度的最佳办法。

这就是华为人能完成那么多看上去很困难事情的"秘诀"所在。他们每次只干一件事，可其结果是他们干每件事所需要的时间总比其他人少很多。

做不成什么事情的人看上去往往比谁都更忙。首先，他们低估了做每件事情所需要的时间。其次，一些成不了事的人总喜欢赶进度，结果发现"欲速则不达"。最后，更有一些人总想一下子做几桩事情。

卓有成效的华为人懂得，他们必须要完成许多事情，而且每件事都要达到一定的效果。因此，他们就会集中公司的一切资源以及他们自己的时间和精力，坚持把重要的事情放在前面先做，每次只做一件事情。

集中精力干好一件事需要注意下面几点：

1. 先接受分心是人类的天性，对于出现分心的状态，不去懊恼，也不批判自己，接受即可，而后谋求改变，重新回到专注一件事情的状态上即可。

2. 总结下自己为何不能专注一件事情上，一般是什么情况下，自己因为什么从一件事情上跳到另外一件事情上。清楚了这些原因，你才能更好地制定出针对自己情况的应对策略。

3. 多锻炼专注在一件事情上。一种策略是"别无选择"的策略，要求自己在做一件事情的时间范围内，只做这件事情，如果自己不想做，那就闲着、发呆，但不允许做其他的事情，也不去想其他的事情，除了这件事情相关之外，其他任何事情都不做。刚开始会觉得浪费时间，多练习后，会进入一种"别无选择"的专注。

4. 不强迫自己，顺其自然。某些时候，实在无法专注，那就放下，完全放松，直到自己又想回来。然后调整状态，自然而然地继续。

2006 年，华为"海外子公司 ERP（企业资源计划）实施"项目升级为公司级变革项目，名称简化为"海外 ERP 项目"。项目群由运作与交付体系总裁做赞助人，并成立了由财务、供应链、采购、GTS（全球技术服务）备件管理、流程与 IT 组成的重量级跨部门团队，成员扩充到 200 人以上。项目目标修订为：整合子公司运作流程，贯彻落实集团会计政策，并在有条件的子公司实施 ERP 系统，支持子公司的财务、供应链、采购等业务领域的运作和管理。

项目启动之初，任正非亲自召集项目核心成员，明确了项目实施方向和指导思想。强调要坚持实事求是，谨防冒进；要抓住事物的主要矛盾，要先把主流程打通；IT 系统要简单、实用，不要追求完美。在项目推进策略上，不要急于求成，项目组应像细胞分裂一样，逐步分裂下去。先集中精力解决重点几个国家的问题，并形成一个团队。然后一个团队再分裂成两个团队，这样一步一步不断扩大实施范围。成熟的流程先推行，财务问题首先要解决掉。

华为公司本身就是集中精力干好一件事的典范。华为多年来一直坚持着专业化。打造专一品牌可以使企业集中优势力量，把产品做精做强。专业化就是集中精力做一件事，专心、专注、专一。

在 20 世纪 80 ~ 90 年代，中国企业曾掀起一番多元化的浪潮，1992 年，海尔结束了长达 7 年的专业化阶段，从冰箱扩展到洗衣机、电视、DVD、小家电、电脑、手机等行业，同年，珠海巨人集团做出了多元化的决定，斥资 5 亿元推出了电脑、保健品、药品三大系列 30 多个新品。

在中国企业多元化倾向越来越明显的同时，任正非的目光却很超前，他早早就提出专业化的经营战略。《华为公司基本法》第一条就规定："为了使华为成为世界一流的设备供应商，我们将永不进入信息服务业。通过无依赖的市场压力传递，使内部机制永远处于激活状态。"

任正非信奉"将所有的鸡蛋都放在同一个篮子里"，无论是在业务选择还是在研发投入上，这种专业主义的坚持，至今令诸多企业家为之折服。联想董事局主席柳传志将任正非的路比喻成"敢从南坡登珠穆朗玛峰"，柳传志说："这本身就使我对他充满敬重。"与平滑的北坡相比，南坡的艰险更需要攀登的勇气。

著名管理专家王育琨分析道："华为固守通信设备供应这个战略产业，除了一种维持公司运营高压强的需要，还为结成更多战略同盟打下了基础。商业竞争有时很奇怪，为了排除潜在的竞争者，花多大血本都不在乎。在通信运营这个垄断性行业，你可以在一个区域获得一小部分的收益，可是更多区域的运营商们会关闭你切入的通道。任正非深知人性的弱点，守护着华为长远的战略利益。"

综观华为的发展历程，的确是一直专注于电子信息领域。当然，这两年，我们看到华为在开始涉及其他领域，像智能手机。而华为开始涉及其他领域也是在其达到行业领头位置的时候才开始的。

如何在时间段内保质保量，需要注意以下几点：

1. 挑选一个专注区

我们总是恨不得一下做完所有的事情，但通常到最后哪个都做不好。

多数人失败，不是因为他们的能力不够。

他们失败，是因为把能力分散到太多的方向上。

所以，不要再做一大堆随机选择的行动——你在一个时间段，只做一件事，只把精力放在一件事上，能够让你变得更有效率。

2. 定好终点线

上面所提到的"专注的时间段"，是向着终点线的一段快速冲刺。

但你首先要明确：终点线在哪里？它该是什么样子？

拥有一个可以实现的清晰目标，能帮你在 90 分钟内更好地提高专注力。

3. 列出行动步骤

列出你在相应时间段内要做的事情的具体步骤。

举例说明：

先删除收件箱中所有垃圾邮件，再快速处理所有能在两分钟内回复完毕的信件。

接着，对需要回复的较长信件进行分类整理，并安排好回复优先顺序。

之后回复较长信件中对自己最重要的那些，这样差不多时间就到了。

对于剩下的邮件，直接将其存档并清空收件箱。

4. 确保毫无干扰

无论用什么方法，都要确保在专注的时间段中，任何情况下自己都不会受到干扰。

如果需要，提前告诉人们你在之后的 90 分钟里不想被打扰，让他们知道在这段时间后找你。

若你无法保证在现有工作环境中不会被打扰，就到其他地方完成这个时间段的工作。

如果能确保自己不受干扰，你就会更有效率、更有注意力。

5. 快速工作

快速思考、行动、工作。若你发现自己动作缓慢，就尽快提速。

把自己想象成正在参加赛跑，不得不在 90 分钟里保持强劲步伐。赛跑结束后，你就能好好休息。

这种工作状态可以通过训练变得更加容易实现。

6. 不许自己分心

在专注的时间段内，你必须做自己预先定义好的工作，此外再无其他事项。

关掉手机，停用任何可能干扰自己的通知功能。如有必要，就断开网络连接，不在这段时间查看微信，不喝咖啡或吃零食，只在必须时才上洗手间。

延伸阅读

伟大是管理自己，而不是领导别人

我经常跟王石出去玩，爬山。大家都会很关注，一会儿爬这个峰，一会儿到北极。

他爬山只用了 5 年多时间，把七大洲最高峰都爬完了，加上南极、北极，"7+2"。对于当时已经 40 多岁，而今 56 岁的人，做到这样很不简单。

那他是怎么做到的呢？我们发现，在山上我们和他最大的区别在于他能管理自己。

比如他说几点进帐篷就几点进帐篷。为保持能量，食物再难吃他都往下咽，而我觉得不好吃就会宁愿挨饿。

比如在山上应该下午 5 点睡觉，若是聊得高兴 8 点才睡，第二天肯定爬不了。他在珠穆朗玛峰 7000 多米的时候，不管别人再怎么说风景好，他都克制自己不出帐篷，因为动一次能量就损耗一次。当时跟他一起爬的还有另一个朋友大刘，大刘属于兴奋型的那种人，8000 米以下你在电视直播里看到的都是大刘的镜头。正因为放纵了自己，没有管理好自己，结果他没劲儿了，到 8000 米时就打退堂鼓，恐惧了，知道自己体力不行。

王石以业余运动员身份能爬上去，管理自己起了非常大的作用。而且他每次都认真在做爬山的准备工作，比如涂防晒油，要求两层，他一定涂两层，而且涂得特别厚。

再比如说他的原则性，我们有一次在成都喝啤酒，要冰镇的，小姑娘半天拿不出来，后来拿出来的不是冰的。王石马上严肃了，王石说："你说是冰的，如果没有，你应该告诉我，如果你说有冰的是为了把我们哄坐下，你是在骗我，我不吃了。"说完拍屁股就走。大家说都坐下了，就这样吧。王石说那你们吃，我自己走。

我们出国时，一起吃饭，王石说决不吃中餐。大家因为各种因素到了中餐厅，他宁愿坐在那，就是不吃。

他对自己非常负责任，时时管理自己。普通人这么也行那么也行，王石却是说不做什么就是不做什么，所以万科能做好。

多数公司领导者说不做，遇到便宜就会动心。

一次三九老板赵新先介绍很大一块地给万科做别墅，对王石说："地白使，你做，做完然后分钱，不要地钱。"王石看完说："我不做，因为万科没做过别墅，不擅长。"万科只擅长中产阶级的郊区别墅，他情愿介绍别人做。

所以管理自己也就是自律，是一种重要的品质。很多企业的领导者之所以失败，很多都是因为放纵自己，放纵自己的欲望，比如战略上多样化，组织系统和人脉也管理不好。

在王石的公司，朋友、战友一个没有。他坚持原则到什么程度，曾经有一个原来一起做生意的朋友，在北京拿了个批文，要王石做，但是王石已经决定公司不做这种业务了，这个人还是来了，都是男子汉，都是"老江湖"，最后竟然给王石跪下，说就这么一次，王石还是坚决不做，后来这个人真跟他翻脸了。所以据我观察，伟大就是管理自己。

过去，我们老以为伟大是领导别人，这实际是错的。

当你不能管理自己的时候，你便失去了所有领导别人的资格和能力。

当一个人走向伟大的时候，千万先把自己管理好，管理自己的金钱、自己周边的人脉社会关系，管理自己的行为。

你管理好了自己，我们称之为自律，称之为守法，很多类似的美德就有了。

管理好自己的时候，才取得了领导的资格，在组织中成为最好的成员。

其他成员多少有些放纵，而你是最好的成员，所以大家会信任你，大家才敢把命运寄托在一个首先能管理好自己的人身上。

比如你不占便宜，大家就会相信把钱交给你管理是合适的。

比如王石的工资一直非常低，2005 年以前都不超过 100

万元，你很难想象这是一个在上市公司做了 20 年的成功人士的薪酬标准。

2004 年我们一起开会讨论薪酬的时候，那时候他是 60 万元。他说如果利润加个零，我的工资就加个零，所以到 2006 年才 200 多万元。

他说不炒自己的股票真就不炒。因为这是美德，他承诺的事大家就会相信。

所以，伟大首先在于管理自己，而不在于领导别人。

（本文摘编自《野蛮生长》，作者：冯仑，来源：广东人民出版社，2013）

我的 12 年等于 24 年

　　从穷孩子到韩国现代公司执行总裁，非凡的成长背后是非凡的付出。在韩国，李明博有"打工皇帝""韩国传奇"之称，是不少年轻人的奋斗榜样。2007 年，他当选为大韩民国总统。他的传奇人生，至少两次被改编为热播电视剧；他记载自己成功经验的自传，创下了重印 107 次的纪录。"贫穷、母亲和肯定的力量"，李明博说，他的传奇是靠这 3 个因素写就的。

你尽了全力吗？

　　当一些人对我能够在 20 岁当理事，30 岁当社长，40 岁当会长不理解而提问时，我感到十分的困惑。因为我从来没有想过有什么秘诀，我的职位和职责有利于我做事，没有别的理由。而且每次升职都是企业主的决定，我无法左右。

　　我虽然进入公司只有 12 年就被提升为社长，但我这 12 年与普通人的 12 年不同。我从没有过公休日，并且每天工作 18

小时以上，相当于别人的两倍。这么计算的话，我等于是24年后才提升社长的，所以也不能说"过快"。

大部分人从企业主或上级接到工作任务时，一般都会先列出面临的困难，并说明目前的人力、资金、技术、信息有多么恶劣，预先为失败找好各种借口。如果事情成功了，会大声炫耀，若失败了就会说："你看，当初我说什么了？"但是，我提出的目标始终超过企业主的目标，并为实现该目标竭尽了全力。每次我送到郑会长（指郑周永，现代集团主席）面前的方案总是比郑会长的期望值高出一截。如果郑会长向我提出"最好不要再出现赤字了"，我不仅会不让赤字出现，而且会提出可以赢利的新目标，并加以实现。企业的利润完全属于企业主，我得到的是成就感，我完全是为了这个成就感而工作。

不要与同事竞争，应该把企业主作为自己的竞争对象，像企业主一样查找问题，一同去解决它，并且还要制定出比企业主要求更高的目标。郑会长每次遇到危机就找我的理由是："李明博像我一样，不，他比我更把公司当成自己的。"这种印象经常出现在他的脑海里。

改变自己适应工作

秉性要适应工作，这是我对刚进公司的大学生员工经常说的话。

"各位以前都是学生，从现在开始，从一个评判别人的人变成了接受批判的对象。单靠大学时代的世界观是无法在社会上取得成功的，甚至无法适应这个社会，但如果用积极的思考方式，就能发挥出巨大的能量。"

许多事情是在行与不行的想法之间徘徊的。认为不行的人脑海里只充满了不行的可能性和理由，而认为行的人，即使只存在 1% 的可能性，也会抓住这个希望不放的。即使没有这 1% 的可能性，哪怕是 100% 要失败的事儿，面对它的人也会从中获得经验。没有努力过的人什么也留不下，我用 50：0 的比率来计算这种差异，对任何事都要以积极的挑战意识去对待的理由就在于此。

我向新员工还说了这么一段话：

"要改变自己的性格。不要首先判断这份工作是不是适合我，而是要改变自己去适应工作。"

我的成长时期，经历了非常艰苦的生活，在与贫穷斗争中，我的性格比任何人都内向、害羞，但我通过努力改变了性格。出任学生会会长，领导学生运动，并且投身建筑业，使性格变得外向、开朗起来。性格并不是固定不变的。

这个世界不会只把适合你的工作交给你，尤其是在企业内部，刚步入社会的年轻员工要找到非常适合自己性格的工作谈何容易。因为世界上没有一个地方能贴出这样的招聘广告："这里给你准备了与你性格完全相符的工作，请到这里来吧！"

为能动的自己做主人

在公司里要逐渐去掉新员工的稚气，尽快熟悉业务，否则，就会跟你的顶头上司发生冲突。如果能遇上志同道合的上司，那你就是世界上最幸福的员工。但这种概率比找到适合自己性格的工作更难。

上班族的压力不是工作本身，而是来自因工作而发生摩擦的人。假如一个工长遇上了一位合不来的科长，那么这位工长就无法得到上司对他的认可。如果一个员工无法得到顶头上司的认可，那他就成不了最后的胜者。

希望遇上一个总是肯定自己、引导自己的上司，这种想法简直是不切实际，甚至是愚蠢的。因为世界上与你合不来的上司远远多于让你如意的上司。跟现在的上司不合，觉得"这个样子没法再干下去了……"就提出辞职，再去别的公司，你能保证那里就没有"这个样子"的上司吗？

不适应就要改变性格，这句话在任何时候都适用。

希望并等待更换对方，或想说服对方，是达不到好的预期效果的。将对方看成固定不变的物体，这时能动的就只有我了，结果是我做主人。

具有改变自己性格的能力的人，他可以克服任何阻碍。

周末也要穿西装上班

观察一下周末上班的员工，一般都穿着休闲服，是为了下班后直接去玩。我觉得这是个错误的想法，穿着休闲服，一天总在想下班后去玩儿的事情，就无法做好工作。所以我对周末穿西装要求很严。

如果下班后去玩儿的话，带好衣服，工作结束了再换上。

如果做不到这一点，周末干脆别上班了。

美国和日本的汽车产业是个对比。美国汽车工厂周五生产的产品次品最多，因为工作都沉浸在周末的气氛里。

日本汽车工厂从周一到周末生产的产品质量相同，因为日本严格区分工作与休息。

我曾去德国一家设计公司，办公室里没有椅子，所有的人都站着工作。除了上午、下午各有30分钟的休息时间外，一直都要站着，对他们来说休息时间就是黄金时间。这与流着汗爬到山顶后感觉到的那种分外的舒畅和愉快是一样的道理。

对不努力工作的人来说，休息、休息日、休假并不能成为黄金时间。

理清公私关系很重要，区分工作与休息也很必要。工作的时候，不要让其他想法和杂念干扰你，要专注于工作，那样才能珍惜和享受休息时间。

（本文摘编自《我的 12 年等于 24 年》，来源:《深圳青年》，2006）

第 **4** 章

用目标管理，
确立人生方向

CHAPTER 4

　　目标越明确、注意力越集中，行为者就越容易在选择上做出更明智的决定。

第 1 节　目标设置对个人的意义

"我们也绝不在困难面前退缩，也不在负议论中犹豫，不然大军突然转向会导致混乱。千军万马必须谋定而后动，大战役也无密可保，我们现在就是征求意见：方向对不对、时间是不是到机会点了、20 多年来我们储备的能量够不够、战略后备部队的前仆后继有没有准备好、遇到挫折时有没有预案……我们即使有了正确的战略，我们现在的各级主管与专家有没有胆略？当然我们也会在行进中不断完善，从机制和制度上，全面构建自我批判的能力，通过自我批判不断纠正方向。特别是未来两三年中，我们会不断地听取所有批评，不断纠正。

"我们的组织变革、流程变革要支持我们的战略。变革应该使达到目标更简单、更快捷、更安全。"

2016 年，任正非在华为市场工作大会中如是说。

任正非认为，华为的三个平台投放力度不能平均，要集中兵力在最有机会的一个平台上打歼灭战，在市场上拱起来，另外两个平台才能被拖到半坡上。专心致志做好一款产品是任正非的要求。他认为在非战略目标上，适时拒绝客户的需求是非常必要的。同时，华为应集中优势兵力在一个平台上，加强人才流动，让员工走入一线战场，加薪激励优秀员工。

事实上，华为在战略上的制胜之道，从来都是集中优势兵力，各个击破，也叫作"压强原则"。设定一个目标之后，所有的人力、物力和财力都往这个方向上投，直到完成这个目标。

任正非十分明白目标对于企业的意义。同样，目标的设置对于个人来说也是意义非凡。有这样一个故事：

英国有一个名叫斯尔曼的青年，尽管他的腿有慢性肌肉萎缩症，走路有许多不便，但是他还是创造了许多人也无法想象的奇迹。19岁那一年，他登上了世界屋脊珠穆朗玛峰；21岁那一年，他征服了著名的阿尔卑斯山；22岁那一年，他又攀登上了他父母曾经遇难的乞力马扎罗山；28岁前，世界上所有的著名高山几乎都被他踩在了脚下。

但是，就在他生命最辉煌的时刻，他在自己的寓所里自杀了。

为什么一个意志力如此坚强、生命力如此顽强的人，会选择自我毁灭的道路？

他的遗嘱告诉我们这样的答案：11岁那一年，他的父母在攀登乞力马扎罗山时遭遇雪崩，双双遇难。出发前父母给小斯尔曼留下了遗言，希望他能够像他们一样，征服世界上的著名高山。因此，他从小就有了明确而具体的目标，目标成为他生活的动力。但是，当 28 岁的他完成了所有的目标时，就开始找不到生活的理由，就开始迷失人生的方向。他感到空前的孤独、无奈与绝望，他给人们留下了这样的告别词："如今，功成名就的我感到无事可做了，我没有了新的目标……"没有了人生目标的他，因此也就感觉不到生命的意义。

其实，我们每一个人都会给自己设立许多目标，对于那些以目标为导向的人来说，没有目标，也就没有了生命的价值。

从上面的例子可以看出，目标的好处是：

1. 目标清晰可见，随时可激发你向上努力的意愿与力量。

2. 只要目标正确，终有一天你必然会成功。

3. 没有目标就没有着力点，到头来一事无成。

PBC（Personal Business Commitment）是员工个人绩效目标的简称。因此，制定清晰明确的 PBC，做正确的事，将为达成绩效目标打下良好的基础。因此，明确团队目标，理解个人目标和团队目标的关系，更能增强个人工作的动力和使命感。

华为网络产品线总裁丁耘"一对一"教练式辅导下属制定 PBC。

在沟通过程中，丁耘与各二级部门主管针对 PBC 进行了深入的沟通。从业务目标、人员管理、价值观与行为，到能力提升计划，都在他们交流的范围之内。在这个过程当中，丁耘应用教练式辅导的方法，更多的是扮演提问者和倾听者的角色，大部分时间都是让下属在说。而在沟通过程中，他会适时对某些问题进行发问，引导下属自己去思考，去寻找答案。如他经常问"在这方面，你准备怎么去做？""你在这件事情上的独特价值是什么？""你认为你在这中间能起到什么作用？"等等。而在一些关键问题上，他也会分享自己或别人的成功经验，给予正向反馈。同时，对于下属来说，他们也能通过这一次深入的沟通机会，与主管交流自己的想法和思考，校正彼此之间的认知差异，并进行及时的求助。正因为如此，原定每个人 1.5 小时的沟通时间，由于沟通和辅导的不断深入，经常被延时，有的甚至延长到 2.5 个小时。通过这次 PBC 沟通，丁耘与各二级部门主管很好地就绩效目标进行了深入交流，消除偏差，达成共识，实现上下对齐。

在这次 PBC 沟通过程中，参加沟通的二级部门主管们都有一个深刻的体会，那就是：在平时，我们以为跟直接主管沟通会很顺畅，但实际上很多直接主管认为重要的工作，我们并没有发现，这就是说还存在上下不一致的地方。因此，PBC 的沟通还是非常必要和有效的。

任正非表示：

如果我们都只会英勇奋战，思想错了，方向错了，我们越厉害就越有问题。

当认清目标后，华为人便会发挥阿甘精神。

华为人就是一个个阿甘，认准方向，朝着目标，傻干、傻付出、傻投入。华为选择了通信行业，这个行业比较窄，市场规模没有那么大，面对的又是世界级的竞争对手，我们没有别的选择，只有聚焦，只能集中配置资源朝着一个方向前进，犹如部队攻城，选择薄弱环节，尖刀队在城墙上先撕开一个口子，两翼的部队蜂拥而上，把这个口子从两边快速拉开，千军万马轧过去，不断扫除前进中的障碍，最终形成不可阻挡的潮流，将缺口冲成了大道，城就是你的了。

　　华为走到今天是靠华为人的"傻付出"。舍得付出，从几百万元做到今天的近 4000 亿元，经历了多少苦难！流了多少辛酸泪！这是华为人用命搏来的。华为人付出了节假日，付出了青春和健康，靠的是常人难以理解和忍受的长期艰苦奋斗。

　　只有目标明确，才能心无旁骛。

第 2 节　制定目标时的 SMART 原则

制定目标看似是一件简单的事情，每个人都有过制定目标的经历，但是如果上升到技术的层面，就需要学习并掌握 SMART 原则。

SMART 原则具体代表的是：S=Specific（明确性）、M=Measurable（可衡量性）、A=Attainable（可实现性）、R=Relevant（相关性）、T=Time-bound（时限性）。

S=Specific（明确性）

目标要清晰、明确。

明确的目标几乎是所有成功团队的一致特点。很多团队不成功的重要原因之一就因为目标定得模棱两可，或没有将目标有效地传达给相关成员。

提供示例：

目标——"增强客户意识"。

这种对目标的描述就很不明确，因为增强客户意识有许多具体做法，如：减少客户投诉，过去客户投诉率是 3%，现在把它减低到 1.5% 或者 1%。提升服务的速度，使用规范的礼貌用语，采用规范的服务流程，也是增强客户意识的一个方面。

有这么多增强客户意识的做法，我们所说的"增强客户意识"到底指哪一块？不明确就没有办法评判、衡量。

修改：

我们将在月底前把前台收银的速度提升至正常的标准，这个正常的标准可能是 2 分钟，也可能是 1 分钟，或分时段来确定标准。

实施要求：

目标设置要有项目、衡量标准、达成措施、完成期限以及资源要求，能够很清晰地看到部门或科室月计划要做哪些事情，计划完成到什么样的程度。

一位华为人这样记述道："目标是否清晰直接影响一个人的投入状态和效率，每次沟通都会关注大家是否对自己半年的工作目标明确，不明确的马上交流明确。这件事情也促使我在以后的工作中，非常关注每个人的状态，感觉到变化都会和兄弟们及时交流。一个团队要高绩效地运作，要把每个人的目标和团队的目标明确一致，要避免团队陷入迷茫。"

M=Measurable（可衡量性）

目标要量化。应该有一组明确的数据，作为衡量是否达成目标的依据。如果制定的目标没有办法衡量，就无法判断这个目标是否实现。

提供示例：

本月要进一步地扎实推进成片开发工作。

"进一步"是一个既不明确也不容易衡量的概念，到底指什么？达到一个什么程度？

修改：

本月 30 日前，我要实施对某某区域的成片开发，扫街拜访区域内所有餐饮客户，把所有月用量在 500 元以上的客户录入资料库，开发月用量 500 元的餐饮 6 家，建立并签订 1 家合同金额 4 万元的分销商，让该区域新增 3000 元的月销售额。

实施要求：

目标的衡量标准遵循"能量化的量化，不能量化的质化"。

要有一个统一的、标准的、清晰的、可度量的标尺，杜绝在目标设置中使用形容词等概念模糊、无法衡量的描述。

华为不仅要求目标制定之前要量化，并且在计划投入执行之后，华为同样要求，必须衡量计划制定的有效性，提出改进措施并根据计划目标衡量执行情况，就像每场比赛都有比分一样！

A=Attainable（可实现性）

目标要通过努力可以实现，也就是目标不能偏低和偏高，偏低了无意义，偏高了实现不了。

提供示例：

本周我要完成某某餐饮街的立项、前期拜访、厨师联谊会、小区推广、开发进货、生动化宣传、维护巩固全过程，造就月销量 5 万元的首条餐饮样板街。

工作量太大，无法一个人在一周内保质保量地完成，单条餐饮街的月销售 5 万元可能难以在一周内达成。

修改：

本周我要完成某某餐饮街的申报工作，拜访并邀请街内全部 23 家餐饮店，并录入资料库。制订厨师联谊会活动方案，会前开发 3 家餐饮店，开发金额 5000 元。

实施要求：

目标设置要上下左右沟通，使拟定的工作目标在组织及个人之间达成一致。

既要使工作内容饱满，也要具有可达性。

可以制定出跳起来"摘桃"的目标，不能制定出跳起来"摘星星"的目标。

R=Relevant（相关性）

个人目标与组织目标达成认识一致，目标一致，要考虑达成目标所需要的条件，这些条件包括人力资源、硬件条件、技术条件、系统信息条件、团队环境因素等。

目标要有实际意义和效果，定目标要考虑成本和结果的效益，要取得成本和结果的平衡点。

提供示例：

本周要申请铺市套餐 5000 元，在某某乡镇市场进行铺市活动，并开展路演 1 场，费用控制在 2000 元内，极大提升品牌在当地的知名度。

乡镇市场的开发不是餐饮部目前的工作重点，花上万元只是提高品牌在一个乡镇市场的知名度，代价太大。

修改：

本周走访某某乡镇市场，开发 500 元以上的餐饮客户 3 家，从而在当地建立核心二批商 1 家，为分销商的培养夯实基础。

实施要求：

个人目标与组织目标达成认识一致，目标一致，既要有由上到下的工作目标协调，也要有员工自下而上的工作目标的参与。

只对当前最关键的工作制定目标，不要制定过多相关性不强的任务。

目标要有实际意义，要考虑达成目标的成本。

T=Time-bound（时限性）

目标要有时限性，要在规定的时间内完成，时间一到，就要看结果。

目标是有时间限制的，没有时间限制的目标，一是没有办法考量，二是会导致上下级之间对目标轻重缓急的认识程度不同。

提供示例：

餐饮部在今后很长一段时间内，还是会把餐饮开发作为工作的重点，切实有效地提升销售平台。

很长一段时间，有时间限制，但没有明确的时间限制。

修改：

餐饮部会把餐饮开发作为工作的重点，每月新增销售平台 3 万元，截至 9 月 30 日，餐饮部整体月销售平台达到 115 万元。

实施要求：

目标设置要具有明确的时间限制。

根据工作任务的权重、事情的轻重缓急，拟定出完成目标的时间要求。

定期检查项目的完成进度，及时掌握项目进展的变化情况。

根据工作计划的异常情况变化及时地调整工作计划。

有效的目标不是最有价值的那个，而是最有可能实现的那个。

贝尔纳是法国著名作家，一生创作了大量的小说和剧本，在法国影剧史上占有重要的地位，可以说是法国文学史上的里程碑人物。有一次，法国一家报社进行了一场有奖智力竞赛，其中有这样一道题目：如果法国最大的博物馆卢浮宫失火了，情况紧急，只允许抢救出一幅画，请问你会抢救哪一幅？结果在报纸收到的成千上万个回答中，贝尔纳以最佳答案获得该题的奖金，他的回答是："我抢救离出口最近的那幅画！"

由此可以看出，目标管理做得不好的企业的原因可以归结为两点：一个是目标定完了就完了，既没有把目标变成相应的计划，也不能及时有效地追踪目标实现的过程。另一个更普遍的问题则是，目标可能只是一个口号式的目标。

第 3 节　将个人目标与企业目标合二为一

"我哪一天退休，取决于接班团队哪天不需要我了。"任正非说。"在退休后，我还要留一些时间做一些我喜欢的事情。我最喜欢的事情并不是电子，我也不是学电子的，开公司要平衡几十万人的关系，我不得不公正、无私，否则我没法团结这么多人。我的人生目标其实就是开个咖啡厅，但是要高档一点儿，或者一个餐馆、一个农场。这些都是一个很小的资本圈，我喜欢哪个人，就把哪个人提高一点儿，自己说了算，比如说，让他做店长，让他在农场管牛。"

任正非能做什么事情，要做什么事情，也是需要与企业目标合二为一的。

"在华为我没有这个权力，在过去 20 年里我提议提拔的干部不超过10 个。最近董事会授权给我，你每年全球到处走，看到有好的干部你可以每年提名 10 个人。但是我自己开咖啡厅，我想提谁就提谁。我老了会糊涂，今天忘了开门了，冰箱里的肉臭了，我能承担起这个冰箱肉臭的风险。"

不论你是否制定了个人目标，但你所在的公司一定制定了企业的目标。企业的目标，拆解为各个部门的目标，然后再落实到个人，就成为个人年度工作目标。

大部分人的年度目标是被分配的，拿到这个目标时，每个人的感受都会大相径庭。有些人会充满干劲，有些人会感觉平平淡淡，有些人会紧张与惶恐。你是哪种？

有个人经过一个建筑工地，问那里的石匠们在干什么，三个石匠有三个不同的回答：

第一个石匠回答："我在做养家糊口的事，混口饭吃。"

第二个石匠回答："我在做整个国家最出色的石匠工作。"

第三个石匠回答："我正在建造一座大教堂。"

三个石匠的回答给出了三种不同的目标，第一个石匠说自己做石匠是为了养家糊口，这是短期目标导向的人，只考虑自己的生活需求，没有大的抱负。

第二个石匠说自己做石匠是为了成为全国最出色的匠人，这是职能思维导向的人，只考虑自己的工作，只考虑自己要成为什么样的人，很少考虑组织的要求。

而第三个石匠的回答说出了目标的真谛，这是经营思维导向的人，这些人思考目标的时候会把自己的工作和组织的目标关联，从组织价值的角度看待自己的发展，这样的员工才会获得更大的发展。

我们再用"自我期望""自我启发"和"自我发展"三个指标来衡量这三个石匠：

第一个石匠的自我期望值太低，在职场上，此人缺乏自我启发的自觉和自我发展的动力。

第二个石匠的自我期望值过高，在团队中，此人很可能是个特立独行、"笑傲江湖"式的人物。

第三个石匠的目标才真正与工程目标、团队目标高度吻合，他的自我启发意愿与自我发展行为才会与组织目标形成和谐的合力。

彼得·德鲁克说，第三个石匠才是一个管理者，因为他用自己的工作影响着组织的绩效，它在做石匠工作的时候看到了自己的工作与建设大楼的关系，这种人的想法难能可贵！

日本发明家中松义郎的"目标一致理论"讲的就是这一点，当一个人的目标与组织的目标越一致，这个人的潜能就能发挥到极致！

目标管理的定义是：根据公司的战略规划，组织运用系统化的管理方式，把各项管理事务展开为有主次的、可控的、高效的管理活动，通过激励员工共同参与，以实现组织和个人目标的过程。它强调把组织的整体目标转化为组织和个人的具体目标。

对员工个人来说，目标管理提出了明确的个体绩效目标，因此，每个人对他所在组织的绩效都可以做出明确而具体的贡献。如果所有人都实现了各自的目标，他们组织的整体目标也就能够实现。

大多数情况下，企业目标和个人目标会不一致。比如，企业的目标是让你用尽所有的力气去完成300万元的销售额。而你的计划是通过完成200万元的销售额提高收入，你宁愿收入少一些，愿意花更多的时间陪伴爱人、孩子和父母。

总目标是公司实施目标管理的核心，但不管是公司总目标还是各部门目标，最终的达成都要落实到公司内员工的个人目标。个人目标是部门目标和总目标的基础，不仅支持公司内的大小目标，同时也支持部门目标。这里需要注意的是，部门目标其实仍属于该部门主管的个人目标，设定个人目标的用意就是要化解"是部门的目标，又不是我的目标"的错误心态，并刻意形成"具有利害关系"的"个人目标"。

设定个人目标要遵循的原则：

对上级目标充分了解，同时分析自己的工作职责，这是员工在设定个人目标时必须考虑的两件事情。

在此基础上，再按照一定的原则指导设定个人的目标。以下几项原则可供参考：

1. 从个人观点出发，说明上级的目标；

2. 设定合适的绩效标准；

3. 列出为达成目标自己需要做的事及主要困难；

4. 列举上级的做法，哪些对他有帮助，哪些对他有妨碍；

5. 列出为了达成目标本部门准备从事哪些工作；

6. 本部门准备从事的工作再次分为本部门内各成员应配合的项目；

7. 选出"保留目标"为本部门主管的个人目标；

8. 选择合适的"个人能力启发目标"作为本部门主管的个人目标。

一个优秀的职业人懂得如何将自己的长处和奋斗目标与公司需要达成的目标结合起来，为公司做出尽可能多的贡献，然后通过公司实现自己的个人目标。

杨元庆通过联想集团的平台让自己成为中国职场上最耀目的成功者之一，唐骏则通过微软、盛大、新华都这样优秀的公司平台让自己成为令很多年轻人羡慕的"打工皇帝"，尽管有"学历门事件"的影响，他仍然不失为一个成功的职业人。

公司想要的结果和个人想要的结果之间是一种动态的平衡关系，没有公司能够无条件、低成本地长期使用有质量的人力资源，也没有个人能够无代价地使用公司的平台资源来实现自身的经济利益和职业成长。二者相互制约，在动态中保持一种平衡关系。

这种兼顾性的、平衡的结果导向意识，不仅告诉我们首先要明确自己真正要得到的是什么，而且还告诉我们如何去得到。

职业人首先要清晰地描绘自己想要的结果，包括经济上的、职业发展上的、家庭生活上的以及个人知识技能上的；职业人要清晰地掌握自己所在的公司想要的结果，公司想要的结果和自己以及自己想要的结果的关系；职业人要为自己做好定位，将自己的长处与公司达成目标的需求结合起来，为公司做出尽可能多的贡献，然后由公司帮助自己达成个人目标。

因此，上级要善于提出下级认同的远景，设定明确的目标，让下属觉得工作有意义，这是成功的灯塔；要有放权的思想，允许下属多实践，自主控制工作；要有毫不吝啬地帮助下属的思想，允许下属的工作能力超过自己。

下属的最高境界是自我发展、奋斗的愿望与企业的远景统一，这样下属就能想企业所想、做企业所做，成为能为企业献身的人。退一步说，下属没有那么远大高尚的理想，但愿意服从企业发展的需要，享受完成工作的成就感也可以；或者干脆就是为报酬而工作，达到一定成果就有一定的收获。这是下属主动工作的动力之源。

目标管理要求上下级一起确定目标。整个企业一级一级设立目标，即建立企业的目标体系。同时制定一套公平、公正，而且要简单可以操作，员工普遍接受的评价方法。

华为新员工在进入公司两年之后，如果绩效突出，就可以加入员工持股计划，自愿购买公司根据绩效和级别指定的一定额度的股票，此后每年公司根据绩效情况进行配股。员工持股后，就与企业利益捆绑，分享企业发展的回报，个人目标与企业目标达成一致。

华为的成功，是 17 万华为员工的支持。因为任正非用了中国企业中史无前例的奖酬分红制度，约 99% 的股票，都归员工所有，任正非本人所持有的股票只占了约 1%，造就了华为式管理的向心力。

工作 2 ~ 3 年，就具备配股分红资格。在华为有"1+1+1"的说法，也就是工资、奖金、分红比例是相同的。随着年资与绩效增长，分红与奖金的比例将会大幅超过工资。即使是号称重视员工福利的欧美企业都很罕见。

一个领死薪水的员工，不可能主动去帮客户想出创新的解决方案。但华为的员工因为把自己当成老板，待得越久，领的股份与分红越多，所以大部分人不会为了追求一两年的短期业绩目标而牺牲客户利益，而是会想尽办法服务好客户，让客户愿意长期与之合作，形成一种正向循环。

第 4 节　让长短目标紧密结合

有这样一个流传甚广的童话故事：

有一双非常漂亮、非常吸引人的红色的舞鞋，女孩子把它穿在脚上，跳起舞来都会感到更加轻盈、富有活力。因此，姑娘们见了这双红舞鞋，眼睛都发亮，兴奋得喘不过气来，谁都想穿上这双红舞鞋翩翩起舞。可是姑娘们都只是想想而已，没有谁敢真的把它穿上去跳舞。因为传说这双红舞鞋还是一双具有魔力的鞋，一旦穿上跳起舞来就会永无休止地跳下去，直到耗尽舞者的全部精力为止。但仍有一个擅舞的、年轻可爱的姑娘实在抵挡不住这双红舞鞋的魅力，不听家人的劝告，悄悄地穿上跳起舞来。果然，她的舞姿更加轻盈，她的激情更加奔放，姑娘感到有舞之不尽的热情与活力。她穿着红舞鞋跳过街头巷尾、跳过田野乡村，她跳得青春美丽焕发，真是人见人爱，人见人美。姑娘自己也感受到了极大的满足和幸福，她不知疲倦地舞了又舞。

夜幕在不知不觉之中降临了，观看姑娘跳舞的人群都回家休息了。姑娘也开始感到倦意，她想停止跳舞，可是，她无法停下舞步，因为红舞鞋还要跳下去。姑娘只得继续跳下去。狂风暴雨袭来了，姑娘想停下来去躲避风雨，可是脚上的红舞鞋仍然在快速地带着她旋转，姑娘只得勉强地在风雨中跳下去。姑娘跳到了陌生的森林里，她害怕起来，想回温暖的家，可是红舞鞋还在不知疲倦地带着她往前跳，姑娘只得在黑暗中一面哭一面继续跳下去。最后，当太阳升起来的时候，人们发现姑娘安静地躺在一片青青的草地上，她的双脚又红又肿，姑娘累死了，她的旁边散落着那双永不知疲倦的红舞鞋。

这个故事真让人感慨多多。相信谁读了这个故事，心里都很难过，都会同情那位可爱的姑娘。从理智上来说，人们绝不会以生命为代价去追求个人事业上的短暂成功。可是人们还具有太多的不受理性控制的感情方面的因素。人生的道路上像红舞鞋这样的诱惑是随处可见、时时可见的。要面对它而能够做到心不为所乱，行不为所动，实在是一件很不容易的事情。

为了避免诱惑，最重要的是要做到坚定自己的目标，并且短期目标要与长期目标相结合。

最终目标是宏大的，引领方向的目标；阶段目标就是一个具体的，有明确衡量标准的目标。

当目标被清晰地分解了，目标的激励作用就显现了，当我们实现了一个目标的时候，我们就能得到一次正面激励，这对于培养我们挑战目标的信心的作用是巨大的！

对于大多数人来说，控制短期目标要比控制较长远的目标容易得多。整体目标的每一个小任务，如果能够顺利地完成，那么实现大的目标就不会觉得难如登天了。人的内心必然会受到鼓舞，进而更增强了实现远大目标的信心。

对于一项战略计划来说，把握好长期目标与短期任务之间的平衡是至关重要的。在制订任何一项计划的时候，必须同时考虑到必要的成本和可能的收益，必须注意在实现长期目标的同时，还要保证短期效益。

赵强国是某集团公司的一个分公司经理，他曾经向集团总经理提出过一个看起来好像非常棒的计划。如果总经理能够接受该计划的话，在开始的一段时间内，公司的收益会下降，但随后会出现较大的上升。

他告诉总经理："我们很可能在 3 年之内无法实现收益增长，因为这段时间属于计划启动期。"总经理回答他说："赵强国，对于一家公司来说，它无法承受如此巨大的代价。一项优秀的计划需要把短期利益和长期利益结合起来。如果我们为了实现长期收益而牺牲短期收益的话，计划的实施人员的热情就会大大降低。"

当你逼迫人们考虑这类问题的时候，他们所表现出来的想象力和革新精神是难以想象的。不久，赵强国回来对总经理说："我们可以保证短期利益，因为现在我发现它的长期收益并不是那么诱人。我们可以卖掉一些并不适合我们的子公司，通过这种方式，我们可以把成本降低10%——从另外一个角度来讲，这就是一项巨大的收益。我们可以采取四五项措施，来弥补新产品开发阶段公司所面临的损失。"

结果，他们把整个团队投入到新计划的实施当中去了，并最终取得了成功。可见，一项战略要想成功，就必须将特大目标与小步子结合起来。只有这样，团队成员才会有热情，才能更好地迎接可能出现的挑战，在实现短期利益的同时，为组织的长期发展奠定基础。

1998 年，在创建华为 10 年后，任正非向他的高管团队宣称，"华为追求的是在电子信息领域成为世界级领先企业"。忆及当年这一场景，华为市场策划部总监江龙回忆说："所有人都被这一目标震惊了，很多人当时都在想，我们这么小的公司怎么可能成为世界级的领先公司？"这并非任正非第一次提出"世界级企业"的目标。1998 年初，在一次员工大会上，任正非说，如果华为保持每年翻番增长，8 年之后就有可能赶上 IBM。十几年后，当年的那些"诳语"竟然一一实现。华为的蝶变再一次证明：理想主义以及惊人的远见是那些伟大创始人的共同特征。

2012 年 7 月，在一份发言提纲中，任正非写道：西方公司的兴衰，彰显了华为公司"以客户为中心，以奋斗者为本，长期坚持艰苦奋斗"的正确性。

华为反对短期的经济魔术。当爱立信、思科、摩托罗拉这些竞争对手都在以"财年、财季"的时点规划未来时，华为是在"以 10 年为单位规划未来"。这正是华为能够追赶并超越对手的奥秘。

新东方董事长俞敏洪的父亲是个木工，常帮别人建房子，每次建完房子，他都会把别人废弃不要的碎砖碎瓦捡回来，久而久之，俞敏洪家院子里多出了一个乱七八糟的砖头碎瓦堆。俞敏洪搞不清这一堆东西的用处，直到有一天，他父亲在院子一角的小空地上开始左右测量，开沟挖槽，和泥砌墙，用那堆砖头碎瓦拼拼凑凑，一间四四方方的小房子居然拔地而起。

当时俞敏洪只是觉得父亲很了不起，一个人就盖了一间房子。等到长大以后，才逐渐发现父亲做的这件事给他带来的深刻影响。从一块砖头到一堆砖头，最后变成一间小房子，俞敏洪的父亲向他阐释了做成一件事情的全部奥秘。一块砖没有什么用，一堆砖也没有什么用，如果你心中没有一个造房子的梦想，即使拥有天下所有的砖头也是一堆废物；但如果只有造房子的梦想，而没有砖头，梦想也没法实现。

后来的日子里，这件事情凝聚成的精神一直在激励着俞敏洪，也成了他做事的指导思想。俞敏洪在做事的时候，一般都会问自己两个问题：一是做这件事情的目标是什么，因为盲目做事情就像捡了一堆砖头而不知道干什么一样，会浪费自己的生命。第二个问题是需要多少努力才能够把这件事情做成，也就是需要捡多少砖头才能把房子造好。之后就要有足够的耐心，因为砖头不是一天就能捡够的。

俞敏洪表示："我生命中的三件事证明了这一思路的好处。第一件是我的高考，目标明确：要上大学，第一年和第二年我都没考上，'我的砖头'没有捡够，第三年我继续拼命'捡砖头'，终于进了北大；第二件是背单词，目标明确：成为中国最好的英语词汇老师之一，于是我开始一个单词一个单词地背，在不断遗忘背过的单词的痛苦中，我父亲捡砖头的形象总能浮现在我眼前，最后我终于背下了两三万个单词，成了一名不错的词汇老师；第三件事是我创办新东方，目标明确：要做成中国最好的英语培训机构之一，然后我就开始给学生上课，平均每天给学生上 6 ~ 10 个小时的课，很多老师倒下了或放弃了，我没有放弃，十几年如一日。每上一次课我就感觉多捡了一块砖头，梦想着把新东方这栋房子建起来。到今天为止，我还在努力着，并已经看到了新东方这座房子能够建好的希望。"

俞敏洪正是将大小目标紧密相连，才使得他今天如此成功。

第 5 节　该做的事马上去做

"我们不能像过去一样，招聘新员工培训后再扑入战场，等 3 ~ 5 年他们成熟的时候，这个机会窗已经半开半掩了，我们又失去了一次占领图像高地、云化时代的机会。因此，我们短时间内直接选拔了有 15 ~ 20 年研发经验的高级专家及高级干部投入战场，他们对技术深刻的理解能力，与前线将士的战场掌控能力结合在一起，一定会胜利的。"

2016 年 10 月 28 日，任正非如是说。

华为公司认为，拖延必然要付出更大的代价。能拖就拖的人心情总不愉快，总是觉得疲乏。因为应做而未做的工作不断给他压迫感。"若无闲事挂心头，便是人间好时节"，拖延者心头不空，因而常感时间压力。拖延并不能省下时间和精力，刚好相反，它使你心力交瘁，疲于奔命。不仅于事无补，反而白白浪费了宝贵时间。

今天该做的事拖到明天完成，现在该打的电话等到一两个小时后才打。这种拖延并非人的本性，它是一种恶习，它不能使问题消失或使问题变得容易起来，而只会制造问题，给工作带来种种困难。

遇到不紧急的事情时，很多人总喜欢先拖一拖，结果我们会发现等待处理的事情越来越多，而当我们要同时处理一大堆事情的时候，往往会感到紧张和烦恼，觉得无从下手，于是就把事情无止境地拖下去。这样无形中降低了时间利用率，我们会觉得自己总是没有足够多的时间去做事。

著名的"帕金森时间定律"指出，特别是在工作中，一个人在时间上如果没有自律性的话，那么他做某件事的时间就会自动地膨胀并占满所有可用的时间。

帕金森经过多年调查研究发现，一个人做一件事所耗费的时间差别如此之大：他可以在 10 分钟内看完一份报纸，也可以看半天；一个忙人 20 分钟可以寄出一叠明信片，但一个无所事事的老太太为了给远方的外甥女寄张明信片，可以足足花一整天：找明信片一个钟头，寻眼镜一个钟头，查地址半个钟头，写问候的话一个钟头零一刻钟……

如果对于一些任务，我们总是不能在规定的期限内完成，这就是由于我们在工作时缺乏应有的时间意识。因此，要有时间意识，成为一个拒绝拖拉的人。

比尔·盖茨说过，凡是将应该做的事拖延而不立刻去做，想留待将来再做的人总是弱者。凡是有力量、有能耐的人，都会在对一件事情充满兴趣、热忱的时候，就立刻迎头去做。在对一件事情兴致浓厚的时候去做，与在兴趣、热诚消失之后去做，其难易、苦乐是不能同日而语的。

养成把经手的问题立即解决的习惯，会让我们每时每刻都能轻松应对手头的事情，不会因为积攒下来的一大堆事情而手忙脚乱，这样也有助于我们高效率地工作。

因此，在日常的工作和生活中，我们要努力要求自己做到以下几点：

1. 在工作中态度要积极主动

一个人只有以积极主动的态度去面对自己的工作，才会产生自信的心理。这样，在处理事务时，头脑才会保持清醒，内心的恐惧和犹豫也便会烟消云散。只有如此，才能够有效地找到处理这些事务的最佳方法。

2. 要学会立刻着手工作

假如在工作中接到新任务，要学会立刻着手工作。这样，才会在工作中不断摸索、创新，一步步排除困难。如果一味地拖延、犹豫，只会在无形中为自己增加更多的问题，这将不利于自己在工作中做出新成绩。

3. 要善始善终，而不要半途而废

做事善始善终才会有结果，如果朝三暮四，不能盯准一个目标，每一次都半途而废，是没有任何成绩的。在工作的过程中，即使很普通的计划，如果有效执行，并且继续深入发展，都比半途而废的"完美"计划要好得多，因为前者会有所收获，后者只是前功尽弃。

4. 永远不要为自己制造拖延的借口

"明天""后天""将来"之类的句子跟"永远不可能做到"的意义相同。所以，我们要时刻注意清理自己的思想，不要让消极拖延的情绪

影响了我们行动的路线。

5. 要把创意和行动结合起来

创意本身不带来成功，但是，它一旦和行动结合起来，将会使我们的工作显得卓有成效。在工作的过程中，我们要把创意和实践结合起来，付诸自己的行动之中，这样，才会为我们的人生和事业打开新的局面。

6. 永远不要等到万事俱备的时候才去做

永远都没有万事俱备的时候，这种完美的想法只是一个幻想。

对于任正非和华为来说，要抢的就是战略机会点，任正非曾在一次会议中这样表示：

当前 4K（数字电影及数字内容的解析度）、2K（高清的屏幕分辨率）、4G（第四代通信技术）和企业政府对云服务的需求，使网络及数据中心出现了战略机会，这是我们的重大机会窗，我们要敢于在这个战略机会窗开启的时期，聚集力量，密集投资，饱和攻击。扑上去，撕开它，纵深发展，横向扩张。我们的战略目的，就是高水平地把管道平台做大、做强。

第6节　执行目标就要心无旁骛

大家都知道水和空气是世界上最温柔的东西，因此人们常常赞美水性、轻风。但大家又都知道，同样是温柔的东西，火箭可是靠空气推动的，火箭燃烧后产生的高速气体，通过一个叫拉瓦尔喷管的小孔扩散出来的气流，产生巨大的推力，这样才把人类推向宇宙。像美人一样的水，一旦在高压下从一个小孔中喷出来，就可以用于切割钢板。可见力出一孔，其威力不容小觑。

任正非如是说。

与水和空气一样，一个人即便很柔弱，但只要将力量集中于一点，干一行爱一行专一行，就能在平凡的岗位上创造出不平凡的业绩。

有这样一个故事，孔子带领学生去楚国采风。他们一行从树林中走出来，看见一位驼背翁正在捕蝉。他拿着竹竿粘捕树上的蝉就像在地上拾取东西一样自如。

"老先生捕蝉的技术真高超。"孔子恭敬地对老翁表示称赞后问："您对捕蝉想必是有什么妙法吧？"

"方法肯定是有的，我练捕蝉五六个月后，在竿上叠放两粒粘丸而不掉下，蝉便很少有逃脱的。如叠三粒粘丸仍不落地，蝉十有八九会捕住；如能将五粒粘丸叠在竹竿上，捕蝉就会像在地上拾东西一样简单容易了。"捕蝉翁说到此处捋捋胡须，向孔子的学生们传授经验。他说："捕蝉首先要学练站功和臂力。捕蝉时身体定在那里，要像竖立的树桩那样纹丝不动；竹竿从胳膊上伸出去，要像控制树枝一样不颤抖。另外，注意力高度集中，无论什么风吹草动，在我心里只有蝉的翅膀，我专心致志，神情专一。精神到了这番境界，捕起蝉来，那还能不手到擒来，得心应手么？"

大家听完驼背老人捕蝉的经验之谈，无不感慨万分。孔子对身边的弟子深有感触地说："神情专注，专心致志，才能出神入化、得心应手。捕蝉老翁讲的可是做人办事的大道理啊！"

还有这样一个故事。

一位年老的猎人带着他的 3 个儿子去草原上捕捉野兔。一切准备妥当，这时老猎人向 3 个儿子提出了一个问题：

"你们看到了什么呢？"

老大回答道："我看到在草原上奔跑的野兔，还有一望无际的草原。"

老猎人摇摇头说："不对。"

老二回答的是："我看到了爸爸、大哥、弟弟、野兔，还有茫茫无际的草原。"

老猎人又摇摇头说："不对。"

而老三的回答只有一句话："我只看到了野兔。"

这时老猎人才说："你答对了。"

执行就像打猎，要专注于你的目标，做到心无旁骛。从事任何工作都不能朝三暮四、三心二意。专注力是优秀的执行者身上的一大特质，也是一个员工的良好品格。

有些员工有着自己的职业目标和职业规划，他们对自己所做的每个选择都十分谨慎，而且他们一旦从事某项工作后，往往就会不断地努力，心无旁骛。这种员工无论在哪行哪业都易受到企业的重视与欢迎，他们往往是企业内部的精英、骨干，有些甚至是管理高层，而企业要做的是将其留下来。

嘉信理财董事长兼 CEO 施瓦布患有严重的阅读障碍症，读写能力不佳，阅读时必须念出来。有时候一本书要看很多次才能理解，写字时也必须以口述的方式，借助电脑软件来完成。这样一个人，他如何成就了一番伟大的事业？施瓦布的答案是：他比别人更懂得专注和用功。

他说："我不会同时想着 18 个不同的点子，我只专注于某些领域，并且用心去做好它！"

这种"一次只做一件事"的专注态度，在嘉信公司的发展历程中体现得特别明显。当其他金融公司将顾客锁定于富裕的投资者时，嘉信推出了平价服务，专心耕耘一般投资大众的市场，心无旁骛，终于开花结果。

每个时期，嘉信都有专心投注的目标，这使它成为业界模仿的对象，在金融业立下一个个里程碑，成为《财富》杂志评选的"全球最受景仰的二十大企业"之一，而且是全美最适合工作的公司。

对于专注，任正非深有体会，因为专注是华为的一股强大力量。《华为公司基本法》第一条规定："为了使华为成为世界一流的设备供应商，我们将永不进入信息服务业。通过无依赖的市场压力传递，使内部机制永远处于激活状态。"华为专注于自己的核心领域，取得了令人瞩目的成绩，连思科公司也不得不重新审视这个可怕的对手。

对于战略重点和非战略重点，任正非有着清晰的认识：

> 对于战略重点市场，终端组织可以插进去直线管理，原创立代表处组织仍然要分享成功。对于非战略机会市场，可以交给当地代表处管理，消费者业务部不要在这样的市场上耗费宝贵的精力，要聚焦能够形成规模的市场并努力尽快将这些市场做大。终端要敢于制定在 5 年内要超越 1000 亿美元的销售收入的目标，在结构上、组织上、模式上要好好考虑。同时要保证合理盈利，库存风险可控。我们一定要立足打造中高端品牌，通过中高端带动中低端的销售。

任正非要求华为人要将精力全部都心无旁骛地投入到战略重点上。

第7节　目标不可随意变更

2016年，任正非在华为市场工作会议中这样说：

一旦战略方向及布局确定后，我们要坚定不移前进，绝不动摇，毫不犹豫。未来二三十年，世界会爆发一场巨大的技术革命，这是人类社会五千年来不曾有过的，其深度、广度我们还想象不到。但是过去的20多年，我们十几万人一同努力划桨，已经把华为的"航母"划到起跑线上了。

我们要力出一孔、利出一孔，密集炮火攻击前进，努力进入无人区。当我们逐步走到领先位置上，承担起引领发展的责任，就不能以自己为中心，不能以保护自己建立规则。我们要向ITU（国际电信联盟）、3GPP（第三代合作伙伴计划）、IETF（国际互联网工程任务组）学习，建立开放的架构，促使数万公司一同服务信息社会，以公正的秩序引领世界前进。没有开放合作，我们担负不起为人类信息社会服务的责任，所以，我们要像3GPP一样的开放，像苹果、谷歌一样链接数十万合作伙伴，持续建设和谐的商业生态环境。以自己为中心迟早是要灭亡的。

有了明确的目标，才会为行动指出正确的方向，才会在实现目标的道路上少走弯路。事实上，漫无目标或目标过多，都会阻碍我们前进，要实现自己的心中所想，如果不切实际，最终可能是一事无成。

生活中人应该也必须有目标，否则我们的人生在那种无序的状态下是难有作为的，所以人生要活得精彩就必须有目标，以指引我们的人生在迷茫和困惑中前行。一个人有了明确的目标会令自己少许多困惑，少走许多弯路，走出一个更明确的人生。目标对于企业的意义也是如此。

目标是在充分考虑到未来一定时期（1 年或半年）的可能变化后制定出来的，因此不能因为环境的细微变化就要求修正目标；目标是经过努力才能达成的目标，不能因为一些变化造成目标达成困难就要求更改目标，应该努力克服困难，实现目标；不能简单地因为月份或半年执行进度与计划进度不一致就要求修正目标，而是应考虑整个目标执行期的总体完成情况，即使月份或半年执行进度慢于计划进度，但如果目标还是能够在一年内完成就不应该调整目标。

企业目标是经过严密程序制定出来的，在制定时包括了对未来的预测和不确定性的估计，所以一般不存在修正的必要。如果频繁修正目标会造成下面的后果：

1. 如果变更频繁，目标就失去了严肃性，目标也就失去了意义。此外，还容易产生两方面的后果：（1）执行目标不认真，把目标当成摆设，使实现目标变得不可捉摸；（2）制定目标时不严肃，搞形式主义，敷衍了事，目标的质量大打折扣。

2. 由于目标之间具有高度的相关性，某个目标的改变必然要求企业整个目标体系进行相应的改变，否则目标体系就无法维持。在这种情况下，也容易产生3个方面的后果：（1）改变整个目标体系的工作极其复杂，不仅增加管理工作量，而且加大了管理难度，企业管理成本会上升；（2）由于目标执行的进度不一，调整目标体系，会打乱企业现行的生产经营秩序和各项工作间的平衡，使企业陷入混乱；（3）目标管理把目标与员工利益上的得失紧密联系在一起，目标体系的变动必然带来利益的变动，而利益的变动对所有人来说不是均等的，就会有人反对，也会有人窃喜，企业内部的团结协作就会出现裂缝。

总之，推行目标管理最好不要修正目标。为了防止目标被修改，一些企业甚至将目标纳入企业章程，就如同国家把发展目标写进了宪法。

华为在创业最初就有国际化的梦想，但其实，这个梦想距离华为还是很远的。在向这个目标迈进的过程中，华为遇到了重重困难，但并没有因此而放弃这个梦想，而是适当地采用了拐大弯的策略，走"农村包围城市"的道路。

在华为的国际市场战略中，有很多都是借鉴其在国内市场的成功经验而制定的。因为中国是世界上最大的通信市场之一，也是竞争最激烈的国际市场之一。世界上所有的通信巨头都活跃在中国市场，而且还曾经垄断过中国市场，也就是业内所说的"七国八制"。中国的电信市场规模巨大，而且一开始就面对的是强大的国际竞争对手，可以说竞争非常激烈。所以，中国市场摸爬滚打的实践可以给华为走向国际市场提供难得的经验。

华为开拓国际市场，还是沿用国内市场所采用的"农村包围城市"的先易后难策略。华为凭借低价优势进入大的发展中国家，这能规避发达国家准入门槛的种种限制，而且海外大的电信公司难以在发展中国家与华为"血拼"价格。这是因为电信业是一个标准化很高的行业，新兴市场基础网络设施建设比较差，还没有形成稳定的管理系统，门槛比发达国家低。

华为首先打入亚太、非洲和拉美一些发展中国家，这和当时华为的技术水平是相吻合的。这些新兴市场电话普及率低，进入门槛低，同时也是许多大公司忽略的地方。这些市场同中国初期发展的电信市场有相似之处，这使得华为在中国市场积累的丰富经验有了用武之地。

对于当时走出国门时的艰难，任正非曾这样描述："当我们走出国门拓展国际市场时，放眼一望，所能看得到的良田沃土，早已被西方公司抢占一空，只有在那些偏远、动乱、自然环境恶劣的地区，他们动作稍慢，投入稍小，我们才有一线机会。为了抓住这最后的机会，无数优秀的华为人离别故土，远离亲情，奔赴海外，无论是在疾病肆虐的非洲，还是在硝烟未散的伊拉克，或者海啸灾后的印度尼西亚，以及地震后的阿尔及利亚……到处都可以看到华为人奋斗的身影。"

华为最开始的重点是市场规模相对较大的俄罗斯和南美地区。以俄罗斯为例，1997 年 4 月华为就在当地建立了合资公司（贝托华为，由俄罗斯贝托康采恩、俄罗斯电信公司和华为三家合资成立），以本地化模式开拓市场。2001 年，在俄罗斯市场销售额超过 1 亿美元，2003 年在独联体国家的销售额超过 3 亿美元，位居独联体市场国际大型设备供应商的前列。南美市场的开拓并不顺利，1997 年就在巴西建立了合资公司，但由于南美地区经济环境的持续恶化以及北美电信巨头长期形成的稳定市场地位，一直到 2003 年，华为在南美地区的销售额还不到 1 亿美元。

2000 年之后，华为开始在其他地区全面拓展，包括泰国、新加坡、马来西亚等东南亚市场，以及中东、非洲等区域市场，特别是在华人比较集中的泰国市场，华为连续获得较大的移动智慧网订单。此外，在相对比较发达的地区，如沙特阿拉伯、南非等也取得了良好的销售业绩。

在发展中国家的连战告捷，使华为人信心倍增。进入 1999 年后，华为全线产品都得到了很大的提升，就不再满足于仅仅在第三世界国家发展。

然而当华为在发展中国家有所发展的时候，原来根本不把华为看在眼里的跨国巨头们，这时慢慢地感觉到华为将给他们带来威胁，对华为公司进行一些战略上和经济上的遏制，来压制华为公司在各国市场的发展。不过，对于华为来说，这样的打压根本无法阻止它的前进。

从 21 世纪初开始，华为将目光转向了欧美市场，因为这不仅是一块成熟的市场，占全球市场的份额比较大，而且也是各大通信巨头的传统势力范围。

华为从电信发展较为薄弱的国家入手，逐渐向电信业发达的地域进军。循序渐进、厉兵秣马、卧薪尝胆，投入近 10 年的人力、物力和财力，终于赢得了海外市场的成功。其国际化发展之路的历程是这样的：1997 年进入俄罗斯，1998 年进入印度，2000 年进入中东和非洲，2001年迅速扩大到东南亚和欧洲等 40 多个国家和地区，2002 年进入美国，从 2003 年开始，华为的名字与越来越多的国际主流运营商紧密联系在一起。

华为在国际市场咄咄逼人的气势令海外跨国通信制造商已经不敢轻视这个来自发展中国家的通信制造业的排头兵。思科、富士通状告华为的事例正从另一层面证明了这个说法。

牛顿的自我约束

1665 年夏，英国伦敦，一场突如其来的瘟疫迫使当局疏散居民，剑桥大学也不得不暂时停课关门。时年 23 岁，正在剑桥大学求学的牛顿回到他的家乡——伍尔兹索普。伍尔兹索普山清水秀、空气新鲜，山坡上长满了苹果树，这激发了牛顿无穷的想象力和灵感，他在这里一待就是差不多 2 年。就在这 2 年里，年轻的牛顿在科学上有了 3 大发现：微积分、光的色散和万有引力。要是拿到今天来，凭这 3 大发现，估计牛顿连获两次诺贝尔物理奖都不会有问题。（注：微积分属于数学领域，不在诺贝尔奖的范围内。）

牛顿的这些发现成为科学思想史上的一个非凡的时代，这个时代延续了几乎 250 年，其间物理学领域中毫无重大的突破，直到 20 世纪初冒出来一个爱因斯坦，才打破物理学领域万马齐喑的局面。

牛顿的创造潜力风头不减，3 大发现似乎还满足不了他的探索欲。1684 年 12 月底，42 岁的牛顿又跃跃欲试，单枪匹马地发起了数学思想史上的一次重大战役。通过严密的逻辑推理和论证，他一个接一个地攻克了 193 个数学堡垒（数学命题）。这场长达 17 个月的战役，最后以牛顿大获全胜而鸣金收兵。牛顿完成了 3 卷本的数学巨著《原理》，这是整个科学史上最伟大的成就之一。

牛顿并没有因为取得了这样重大的成功而身心疲惫不堪，更没有因此而付出生命的代价，他一直活到 85 岁的高寿。即使在今天看来，这也是一个令人眼红的数字。

牛顿的一生不仅活得有意义，而且也活得很潇洒，他所创造的绩效之高，实在令后人瞠目结舌，诀窍何在？

钱德拉塞卡研究过牛顿的创造模式，他认为牛顿并不是以一种呕心沥血、殚精竭虑、在智力和体力上勉为其难的状态去从事这些科学工作的；他也不是出自某种狭隘的崇高动机、背负着沉重的精神十字架去从事这些科学工作的。他完全是以愉悦的心态从事他的科学工作的——"我似乎只是像一个在海岸上玩耍的孩子，以时常找到一个比普通更光滑的卵石或更美丽的贝壳而自娱，而广大的真理海洋在我面前还仍然没有发现。"

对此，牛顿自己说："我不杜撰假说。"

也就是说，牛顿研究课题的出发点均来自可以验证的客观事物本质，"并通过实验确定事物的性质，然后通过相当慢的过程提出假说去解释它们"。而"假说只是帮助解释事物的性质而不是确定它们，除非可以用实验去证明"。可见，牛顿对于选题的路标是判断得非常准确的，所以他总是在做正确的事。

令人深思的是，牛顿其实并不十分看重，或甚至可以说很不看重自己的发现。只有一次是例外，那是他在剑桥大学完成了令他满意的色散实验后，他以热情的口吻提到了他的发现，声称"如果不是最重要的发现，也是最有趣的发现"。但出人意料的是，他被人迎头大泼冷水，不仅得不到支持、理解，反而招致莫名其妙的激烈批评。刚开始牛顿还试图通过阐明他的实验方法来说服这些反对者，但后来他敏锐地意识到，这是毫无意义的，这些无聊的学术之争就像深不见底的旋涡一样，正把他的宝贵精力和时间卷进去。从今天的经济学的观点来说，也就是他将要为此而付出巨大的成本。牛顿决定把他宝贵的时间和精力用在他所钟爱的科学工作方面，从此对出版个人的著作、卷入科学的争论甚至是对不同观点的讨论，一概采取放弃的态度，甚至心生厌恶之意。对此，他曾于 1676 年 11 月 18 日明确表示："一个人必须在两者之间作出抉择，要么决心什么新思想都不提出，要么成为一个捍卫新思想的奴隶。"

这里，牛顿提到了一个常识性的问题：不论对于什么事物，在大多数情况下，捍卫它们的难度和成本总是要大于创造它们的难度和成本的。比如，听说一个敌对分子要进城来搞破坏，那么四面城门都要派人警卫，而且 24 小时严防死守，同时城里面还要加紧全场紧逼人盯人，加紧清洗整顿，避免内奸里应外合。你说这样的成本会有多惊人。难怪所有著名的战略战术家都要研究运动战，而不是保卫战。

过去因为不重视经济建设，搞实业难以有所成就，治学成了唯一的出路。所以就有人把学术看作是学者的生命，不断地有人要为抢先发表论文、捍卫学术争得面红耳赤，不惜撕破脸面制造对立，甚至以学术的分野划分派别，相互斗争。

牛顿很实在，他不把学术看成是生命，只把世俗的肉体生命看成是生命，对于他来说，正可谓是：学术虽可贵，面子价也高，若为实在故，两者皆可抛。这在当年，实在是难能可贵。

牛顿下定决心不做捍卫新思想的奴隶，他解放思想、丢掉包袱、轻装上阵，甩开手大踏步地前进。同时，为了不刺激那些在学术界的新思想捍卫者，以免惹祸上身，"领先三步成先烈"，牛顿甚至故意把他的科学著作（比如数学《原理》）写得平淡刻板甚至干涩深奥，不仅使外行敬而远之，也使学界精英们读起来如同嚼蜡。结果是想捧场的无从出口，想批判的也无从下手，反倒是一片风平浪静。其实只有牛顿心里明白，这些看似平淡干涩的东西才是实实在在的好东西。

更有甚者，有时牛顿干脆把他的研究成果锁在抽屉里，束之高阁，根本就不示人。1684 年 8 月，科学家哈雷（哈雷彗星的发现者）对于行星轨道在平方反比引力作用下的形状百思不得其解，于是前往剑桥请教牛顿。牛顿听哈雷提出问题后，立即干净利落地告诉哈雷，行星的轨道当然是一个椭圆！而且这是一个他早在 1677 年——7 年以前就解决了的问题。哈雷听了，眼睛瞪得比鸡蛋还要圆，"这样伟大的发现，牛顿居然……！"

牛顿在学术和生活上的成功，表明他真正地掌握了灰度，他是当之无愧的导师。

牛顿为何对于争先恐后地发表科学著作，或是卷入无休止的科学争论等诸如此类的行径，采取避而远之的态度，他在 1682 年 9 月 12 日所说的两段话最能揭示其根本原因：

"能得到公众广泛的好评和承认，我并不认为这有什么值得我羡慕的。这也许会使与我相识的人增多，但我正努力设法减少相识的人。拿起笔写那些可能会引起争议的文章是最可羞的事，这种想法与日俱增。"

这不由得使我们想起杜甫的那句诗："名岂文章著。"

"轰轰烈烈地做事，收敛低调地做人。"牛顿在做事和做人之间把握了很好的均衡。用今天的话来说，当初牛顿从事科学探索的动机既不是为了晋升评职称，也不是为了名垂青史，所以他才能把握实事求是这一关，始终去做正确的事。尽管管理作为一门新生的学科在牛顿以后的 200 多年才呱呱落地，可是，今天无论怎样看，牛顿都是一个自我激励、自我约束的典范。他的自我管理艺术建立在实事求是的基础之上，所以他才能心无旁骛地发挥出专心致志的能力。

今天仍有人对牛顿求全责备，认为他对很多别的事件不敏感和迟钝。对此，我们要反思，如果牛顿对很多别的事件都敏感和通达，那么今天是否还有牛顿？是否还有 3 大发现和《原理》？

（本文摘编自《牛顿的自我约束》，来源：华为人，作者：陈培根，2003）

任正非：清晰的方向来自灰度

清晰的方向来自灰度

一个领导人重要的素质是方向、节奏。他的水平就是合适的灰度。坚定不移的正确方向来自灰度、妥协与宽容。

一个清晰的方向，是在混沌中产生的，是从灰色中脱颖而出的，方向是随时间与空间而变的，它常常又会变得不清晰。并不是非白即黑、非此即彼。合理地掌握合适的灰度，是使各种影响发展的要素，在一段时间和谐，这种和谐的过程叫妥协，这种和谐的结果叫灰度。

妥协一词似乎人人都懂，用不着深究。其实不然，妥协的内涵和底蕴比它的字面含义丰富得多，而懂得它与实践更是完全不同的两回事。我们华为的干部，大多比较年轻，血气方刚，干劲冲天，不太懂得必要的妥协，也会产生较大的阻力。

纵观中国历史上的变法，虽然对中国社会进步产生了不灭的影响，但大多没有达到变革者的理想。我认为，面对它们所处的时代环境，他们的变革太激进、太僵化，冲破阻力的方法太苛刻。如果他们用较长时间来实践，而不是太急迫、太全面，收效也许会好一些。其实就是缺少灰度。方向是坚定不移的，但并不是一条直线，也许是不断左右摇摆的曲线，在某些时段来说，还会画一个圈，但是我们离得远一些来看，它的方向仍是紧紧地指着前方。

没有妥协就没有灰度

坚持正确的方向，与妥协并不矛盾，相反妥协是对坚定不移方向的坚持。

当然，方向是不可以妥协的，原则也是不可以妥协的。但是，实现目标过程中的一切都可以妥协，只要它有利于目标的实现，为什么不能妥协一下？当目标方向清楚了，如果此路不通，我们妥协一下，绕个弯，总比原地踏步要好，干吗要一头撞到南墙上？

在一些人的眼中，妥协似乎是软弱和不坚定的表现，似乎只有毫不妥协，方能显示出英雄本色。但是，这种非此即彼的思维方式，实际上是认定人与人之间的关系是征服与被征服的关系，没有任何妥协的余地。

"妥协"其实是非常务实、通权达变的丛林智慧，凡是人性丛林里的智者，都懂得恰当时机接受别人妥协，或向别人提出妥协，毕竟人要生存，靠的是理性，而不是意气。

"妥协"是双方或多方在某种条件下达成的共识，在解决问题上，它不是最好的办法，但在没有更好的方法出现之前，它却是最好的方法，因为它有不少的好处。

妥协并不意味着放弃原则，一味地让步。明智的妥协是一种适当的交换。为了达到主要的目标，可以在次要的目标上做适当的让步。这种妥协并不是完全放弃原则，而是以退为进，通过适当的交换来确保目标的实现。相反，不明智的妥协，就是缺乏适当的权衡，或是坚持了次要目标而放弃了主要目标，或是妥协的代价过高遭受了不必要的损失。

明智的妥协是一种让步的艺术，妥协也是一种美德，而掌握这种高超的艺术，是管理者的必备素质。

只有妥协，才能实现"双赢"和"多赢"，否则必然两败俱伤。因为妥协能够消除冲突，拒绝妥协，必然是对抗的前奏；我们的各级干部真正领悟了妥协的艺术，学会了宽容，保持开放的心态，就会真正达到灰度的境界，就能够在正确的道路上走得更远，走得更扎实。

第 **5** 章

人生中，
更重要的是自我激励

CHAPTER 5

在人生的激励中，更重要的是自我激励。

——任正非

第 1 节　"板凳要坐十年冷"，怎么坚持

"高科技领域最大的问题，是大家要沉得下心，没有理论基础的创新是不可能做成大产业的。'板凳要坐十年冷'，理论基础的板凳可能要坐更长时间。我们搞科研，人比设备重要。用简易的设备能做出复杂的科研成果来，而简易的人即使用先进的设备也做不出什么来。"

任正非如是说。

"板凳要坐十年冷"，怎么坚持呢？工作久了没了感觉，又怎么办？

一个人长期从事某种职业，在日复一日重复机械的作业中，渐渐会产生一种疲惫、麻木，甚至厌倦的心理，在工作中难以提起兴致，打不起精神，只是依仗着一种惯性来工作。因此，职业倦怠症患者又被称为"企业睡人"。据调查，人们产生职业倦怠的时间越来越短，有的人甚至工作 6 ~ 8 个月就开始厌倦工作。

用最通俗易懂的话来说，职业倦怠即是一种由工作无限膨胀与挫折引发的情感、精神与体能上的入不敷出感。倦怠会摧毁你每一样能力，如短期记忆，正面乐观的态度，统筹、判断与推理能力。

目前我们所能做的，大多集中于预防和疏导。职场心理学专家、医学博士加里布艾尔·科拉（Gaby Cora）给我们的建议是，每天进行至少30分钟的有氧运动，并在短时间内完全从日常工作中抽离出来，要确保自己远离那些将自己拖入低谷的东西，培养健康的业余爱好。

"鉴于约75%的办公室上班族在8小时之外依旧要处理公司事务，你首先要学会在休息时间保持不插电状态，避免工作时间的压力走到你的餐桌、卧室以及度假胜地去。在适当范围内，关掉你的手机，停止无休止地刷新电子邮箱。

"其次，你必须拥有自己的一套工作整理术，将手头所有的事情区分轻重缓急，避免自己陷入多线程同时处理状态，并警醒那些身体健康上的微小信号，头疼、僵硬的颈椎与腰椎、过于频繁的夜醒，不要羞于求助心理健康专业人士。"

在其他辅助方案之中，还包括"正念减压"——在办公室闲暇时间冥想，拉伸身体以及"自我审视"。一些职业运动员很早就采取了这样的方法，包括观看自己在比赛中发挥失常的录像回放，这样能使大脑中与悲伤有关区域的活动减弱，帮助管理情绪区域的活动增强。

"板凳要坐十年冷"，怎么坚持？华为人老邓传授了他的经验："要懂得自我激励。做流程没有惊天动地，只有细水长流，所以要给自己一些鼓励。比如报告写好了，得到了领导表扬，或者项目做好了，得到业务部门认可，都是很好的鼓励自己的方式。最重要的是，要能认识到做流程工作，其实就像是老中医，越老越吃香。将流程的方法和思维充分理解将受益终生。"

任正非表示，在人生的激励中，更重要的是自我激励。

他曾这样记述道："任何人都应该是为了目标和理想奋斗的，努不努力跟你认不认同我没有关系。我年轻时也是得不到认同的，如果那个时代我因为得不到认同，就放弃努力，我今天和大街上的人有什么区别？不要过分强调组织、公司的认同。如果完全以他们的认同为基础，世界上就不会有科学家、凡·高和贝多芬，也不会发明直升机。'向使当初身便死，一生真伪复谁知？'在人生的激励中，更重要的是自我激励。"

激励大师金克拉曾说："你若想成为人群中的一股力量，便必须掌握激励，生活就是这样，你把它放入自己所处的人际关系中，人们就记得你、信任你，就像黑夜相信灯光一样。"

一位华为人讲述了这样的故事："2003 年，我负责的项目终结了，主管安排我从事自动化测试的技术研究和测试平台建设工作，我从管理一个团队重新成为一个'兵'。刚开始新工作的时候，我的情绪低落，后来通过和主管交流，我才意识到，原来这种情绪叫'失落'。其实，每一项工作中都蕴藏着挑战，随着自动化测试平台在大部门的推广，看着我获得的第一个专利证书，成就感油然而生。板凳要坐十年冷，干一行，爱一行！"

任正非表示："有许多人有强烈的个人成就感，华为也支持。华为既要把社会责任感强的人培养成领袖，又要把个人成就感强的人培养成英雄，没有英雄，企业就没有活力，没有希望，所以华为既需要领袖，也需要英雄。但华为不能让英雄没有经过社会责任感的改造就进入公司高层，因为他们一进入高层，将很可能导致公司内部矛盾和分裂。因此，领导者的责任就是要使自己的部下成为英雄，而自己成为领袖。"

任正非表示："我们要创造更多的机会，给那些严以律己、宽以待人、对工作高度投入、追求不懈改进、时而还会犯小错误和不善于原谅自己的员工。只有高度投入、高度敬业，才会看破'红尘'，找到改进的机会，才能找到自身的发展方向。敢于坚持真理，敢于讲真话，敢于自我批判。"

任正非这样告诫新员工："希望丢掉速成的幻想，学习日本人的踏踏实实、德国人的一丝不苟的敬业精神。生活中真正能把某一项技术精通是十分难的。您想提高效益、待遇，只有把精力集中在一个有限的工作面上，不然就很难熟能生巧。您什么都想会、什么都想做，就意味着什么都不精通，任何一件事对您都是做初工。努力钻进去，兴趣自然在。我们要造就一批'业精于勤，行成于思'，有真正动手能力、管理能力的干部。机遇偏爱踏踏实实工作者。"

第 2 节　让工作本身成为激励

任正非谈到华为成功的秘诀时指出，华为没有秘密，任何人都可以学。华为信奉，"唯有努力工作才有机会"，努力的方向就是为客户服务，维护客户利益。

"唯一让人有工作满足感的方法就是从事你认为伟大的工作，而通向伟大工作的唯一方法就是爱上所从事的工作。如果还没找到这种工作，那就继续找。不要将就，要跟随自己的心，总有一天你会找到的。"苹果创始人乔布斯如是说。

工作满意度是幸福感的重要预测指标。有研究表明，在幸福感的所有预测指标中，工作仅次于婚姻。不管在地球的哪个角落，一份有意义的工作可以显著地预测幸福感。

那么什么是有意义的工作呢？早在远古时代，人们就给出了这个问题的最佳答案。在希腊故事中，有一个叫西西弗斯的国王，他戏弄了死神和冥王等众神。众神把他抓到阴间，让他每天把一块大石头从山脚推到山顶，每次当他刚好要到达山顶的时候，大石头就会滑落回山脚，西西弗斯只能顶着烈日重新再推，如此循环不断。这才是没有意义的工作。一度我们被鼓励写日记，但只有少数人坚持下来。博客和微博出现之后却能够风靡一时，每天写博客和微博的人比每天写日记的人要多多了。同样是写作，同样是没有报酬，为什么写博客就会比写日记要更有动力呢？因为当我们感觉自己写的东西可能会被他人看到时，写作的热情会更为高涨。

一份有意义的工作，就是可以产生影响的工作。

没有人喜欢平庸，尤其对于年纪轻、干劲足的员工来说，富有挑战性的工作和成功的满足感，比实际拿多少薪水更有激励作用。事实上，很多员工对自己所负责的工作已经驾轻就熟，操作已经得心应手，他们希望有更多机会展示自己的技能，也愿意承受更高的挑战。

工作激励本质上就是让工作本身成为激励因素。

记得鲁迅先生曾说过："哪里有天才，我是把别人喝咖啡的工夫都用在工作上的。"任正非在新西兰接受记者采访时，当问及华为凭什么成功超越对手时，任正非回答了4个字："不喝咖啡！"这里的"不喝咖啡"是指平常与人喝咖啡闲聊，而非"与大师喝咖啡"。把别人喝咖啡闲聊的时间用在工作上，凭什么不能超越？工作本身就是一种激励。

任正非本人对自己和华为并不乏描述。"华为20多年的炼狱，只有我们自己及家人才能体会，这不是每周工作40个小时能完成的。我记得华为初创时期，我每天工作16小时以上，自己没有房子，吃住都在办公室，从来没有节假日、周末……"这是任正非对华为成功的总结，他将眼前的成绩归结为苦难的累积。

下面是一位华为人的感触："2013年8月，由于部门人员调整，亚太对账小组组长空缺，主管决定给我一次锻炼的机会，试用期3个月。于是，我在忐忑和自我鼓励中开始了新角色的征程。

"万事开头难，很快我就遇到了挑战。一次工作安排后，A成员迟迟未交付，原来她认为这种工作意义不大，没有必要去按要求执行。我一时间不知道怎么说服和沟通，在向其他同事请教后，意识到前期下发工作任务时没有明确工作的目标和价值，没有让 A 感觉到工作的意义，后来也没有及时沟通，被动地等待问题出现。意识到这些后，我主动找到 A 同事，了解她的工作习惯并听取建议，大家在愉快的氛围中解决了问题。"

一些企业会给员工的工作增添意义，让他们觉得他们的工作在社会上很高尚，他们担负着某种使命感，而且，尽可能地让他们扩大工作范围，允许他们经常调换工作，调剂他们的身心或肢体的工作强度，促使他们对工作产生强烈的乐趣。如果我们的企业做不到这一点，我们就需要通过自己的努力来找到工作的意义，产生工作成就感。工作成就感正是激励我们更好工作的一个有效因素。

下面是一位华为人的感悟："进入工作的执着期这个阶段，在导师的帮助和指引下，不断地学习更深层次的知识，不断地了解系统内外的关系，不断地钻研更前沿的技术，不停地向专家的目标迈进。伴随着自己的学习和积累，我的工作能力突飞猛进地提高，工作变得更加顺心，于是在不经意中我发现了测试的意义，工作成就感也就油然而生。正如测试部的口号'品质千锤百炼，测试一马当先'，在工作中经常为一个问题和开发人员争得面红耳赤，经常为解决系统的 bug（漏洞）而欣喜万分，就这样在快乐的工作中度过一天又一天，这也许就是工作的意义，生活的意义。"

找到第一份工作时，每个人的心态都是这样的：兴奋、激动，想要证明自己，恨不得每天最早一个到办公室，最晚一个离开。总是在不断学习，不断想要做到更好，看到别人做什么都很激动，打印文件都恨不得把它装订出花边来。

当你在职场中不断成长时，不仅能力在提升，薪资待遇也在提高，同时工作的心态也在不断趋向平稳。那不妨从现在开始改变这种情况，回忆一下自己的第一份工作，它带给你的是什么？如果你现在的工作情况比起自己的第一份工作，已经有了很大的进步，那么是不是还能有更大的进步呢？是不是还能追求更高的工作标准呢？

回忆自己在第一份工作中的发展和成长，将有助于你梳理自己的思路和调整自己的心态。重新审视自己现在的工作情况，对自己目前的工作状态提出疑问，将有助于你对自己的工作情况进行反思。只有你对自己的工作情况提出疑问，你才能主动改进。问一下自己：

1. 对现在的工作你全力以赴了吗？

2. 工作能力能否再提高？

3. 能否争取更高的业绩？

4. 能否培养更好的职业素养？

5. 能否追求更好的职业发展？

6. 能否在工作中与人更好地沟通？

7. 能否在工作中少一些抱怨？

8. 能否获得更高的职位和薪水？

华为人老张经历过多次组织变革，原先的部门没有了，不知自己该划归哪个部门、向谁汇报，考评也没有固定的主管，而来自业务的压力还在持续增加，这些都令他非常苦恼。那段时间他反复在琢磨：工作到底是给谁做的？是为了领导吗？不，是因为有业务需求，自己的工作对公司来说是有价值、有意义的。走出混沌，他不管有没有领导关注，一头扎进繁忙的工作中。

经过多年历练，老张已经成为路由器准入测试的第一接口人，负责协调国内国外多个办事处的项目。无论项目多么紧急，他总能很快理清项目的轻重缓急，在营销、市场技术、开发、产品测试、解决方案测试等多个部门之间协调资源，组织项目开展。

第 3 节　离开舒适区，适当地调高目标

聚焦工作，是华为对干部提出的新的基本要求。

聚焦工作，而不是游离于工作或发散于工作，也不是指干部要每天加班加点（这是对聚焦工作的庸俗理解）。而是指干部应该把自己的精力、关注力、专注点和兴奋点对焦于工作，而不是工作之外的其他方面，如个人兴趣爱好、个人私利、非诚信行为等。

聚焦工作，就是指对工作的专注、关注，就是要耐得住寂寞，经得起诱惑。正如任正非所言："我们要求干部要聚焦在工作上，这是一句十分沉重的话。"需要干部细细品味，慢慢感悟。

福特汽车创始人亨利·福特在其回忆录中写道："如果你想永远做个雇员，那么下班的汽笛吹响了，你可以暂时忘掉手中的工作；如果你想继续前进，去开创一番事业，那么汽笛仅仅是你开始思考的信号。"这就是聚焦工作。

克劳塞维茨在《战争论》中有一段名言："要在茫茫的黑暗中，发出生命的微光，带领着队伍走向胜利。战争打到一塌糊涂的时候，将领的作用是什么？就是要在看不清的茫茫黑暗中，用自己发出的微光，带领着你的队伍前进。谁挺住了最后一口气，胜利就属于谁。"这就是聚

焦工作。

提防自己，不要躺倒在舒适区。舒适区只是避风港，不是安乐窝。它只是你心中准备迎接下次挑战之前刻意放松自己和恢复元气的地方。

如果真的感到进入舒适区，那说明一定进入了危险区，只不过这个危险区还没有让你感到危险，就像温水中的青蛙。这就是所谓的"舒适区陷阱"。假设跑步的队伍慢慢停下来了，你会感觉发热，有点小汗，舒适了，奋斗有点成果了，也就是进入个人的舒适区了。

当现有的目标已经实现，或者说现有的目标完成起来毫不费力的时候，我们需要适当地调高目标。

篮球架子为什么要做成现在这么高，而不是像两层楼那样高，或者跟一个人差不多高？不难想象，对于两层楼高的篮球架子，几乎谁也别想把球投进篮圈，但是，跟一个人差不多高的篮球架子，随便谁不费力气就能"百发百中"，大家也会觉得没什么意思。正是由于现在这个跳一跳就能够够得着的高度，才使得篮球成为一个世界性的体育项目，引得无数体育健儿奋争不已，也让许许多多的爱好者乐此不疲。

篮球架子的高度告诉我们：一个"跳一跳，够得着"的目标最有吸引力，对于这样的目标，人们才会以高度的热情去追求。因此，要想调动人的积极性，就应该设置这种高度的目标。

在华为，如果一个人的能力有了一定时间的积累，就需要离开舒适区，调整到新的岗位。

华为董事长孙亚芳在一次会议上这样说道："公司的发展证明，艰苦奋斗是我们的唯一发展途径，干部要身先士卒。现在海外市场占到公司销售额的 70%，各级干部要勇于到全球市场上去建功立业，想守着中国市场，守着舒适区是不可能的了。"

华为人离开舒适区，调高目标的过程中，获得了快速成长。下面是她们的记录："工作中的第一次'转身'——从普通员工转为一个团队的管理者、带领者，一定会有反反复复的思考、分析。对于女性来说，会有更多的内心挣扎。

"王姐首先谈到自己当时的心情。当领导跟她沟通，希望她做项目经理时，直觉反应是'拒绝'。觉得自己干得挺开心，女孩子不用那么辛苦。她回家跟家人商量，爸爸说：'如果你现在是 60 岁，那你可以追求安逸；可是你现在是 20 岁，后面这么多年你要发展呀，总要迈出这一步的。'这番话让她记忆犹新。是的，人可以不成功，但不能不成长。

"从家电行业到华为的高端专家的迟工，她曾带领过 400 人的团队，在技术和管理上颇有心得。她也谈到了自己一次重要的转身：十几年前，我所在的公司搞竞争上岗，我当时正处于所谓的'舒适区'，觉得自己技术不全面，非常迟疑。老领导鼓励我去试了试，结果竞聘上了开发所长。当了所长之后，一下子傻眼了，国内、国际销售公司整天要产品，人再多也忙不过来，于是开始慢慢思考如何把产品平台建起来，想着如何去做归一化，慢慢积累技术管理方面的能力及经验。女性有热情、有条件，不要放弃机会，平台大了，视野也就开阔了。

"人往往是在多次的被动中，逐渐意识到发展意味着更大的舞台、更广阔的视野和更多的人生价值。"

华为人就是在不断地主动提升自身价值的过程中，超越自我，为自己、团队、企业发挥自己的才能。正如苹果创始人乔布斯说过的一句话："求知若渴，虚心若愚。"

华为 IP 开发部网络操作系统部首席程序员饶某在谈到自己的职业

发展时，这样说道：

"很多专家都是在编代码中成长起来的。我个人最早是维护 RIP（选路信息协议）、IGRP（内部网关路由协议）协议的，这是两个古老的协议，没有多少使用场景，问题单也比较少，我就主动把其他模块的代码拿过来，一边学习一边主动做些代码检视。

"过程中我发现了一些问题，由于我正处于学习阶段，并不太熟悉代码流程，没有百分百把握确认我发现的到底是不是问题。要不要提出我的疑惑呢？如果不是问题，别人最多善意'鄙视'一下，但万一真是问题呢？我主动找这一模块的负责人讨论，确认原来问题真的是一个隐藏很深的 bug。这件事情给了我很大的信心，学习别人的代码不仅能拓宽知识面，还能发现问题促进版本稳定，何乐而不为？"

作为一个技术人员绝对不要拘泥于自己的责任田，不要安于现状，不要被动接受任务，这会严重阻碍个人技术能力提升以及职业发展，一定要主动跳出自己的舒适区，主动承担一些原本不属于你的工作。去做就好了，很多事情都是水到渠成的。

任正非表示："'不舒适'是永恒的，'舒适'只是偶然。在不舒适的环境中学会生存，才能形成健全的人格。遇到困难和挫折，要从更宽、更广的范围来认识，'塞翁失马焉知非福'。"

华为还会通过轮岗来使员工离开舒适区。华为前人力资源总裁张建国表示："一个人在一个岗位干的时间长了，就会有惰性，产生习惯思维。但是到了新的岗位以后，会激活他的思想，大家一般都会想表现得好一些，所以在新岗位的积极性也会很高。工作几年以后，人到了一个舒适区，也就很难有创新了，所以一定要有岗位的轮换。在华为，没有一线工作经验的不能当科长。新毕业大学生一定要去做销售员、做生产工人，你干得好就提上来。"

通过岗位调换，华为实现了人力资源的合理配置和潜力的激活，促进了人才的合理流动，使人力资本的价值发挥到最大。

几乎所有华为员工都有过轮岗的经历，一般华为员工工作 1 ~ 2 年后就要换一个岗位，而且还有比这更频繁的。这样频繁地进行岗位调动，首先是因为华为公司业务的急速发展，人员数量扩张得非常厉害，而且由于招聘的员工基本是大学校园的应届毕业生，根本无法知道谁在什么岗位上是最合适的，因此"轮岗"的制度可以使员工各得其所。对于那些已经在华为工作了几年的老员工而言，若不实行轮岗制，可能有的员工会想，来公司已经好几年了，除了向目前的序列发展之外，我还有什么样的发展空间呢？我还有什么样的能力呢？

其次，华为的管理者看到企业部门与部门、人与人之间的信息交流和相互协作出现了问题。用企业员工自己的话说就是："总部一些制定政策的部门不了解一线客户需求，出台的政策很难执行，瞎指挥。""服务部门和事业部有隔阂，话说不到一块儿去。"没有切身的体会是很难做到换位思考的，轮岗制正是解决这个问题的良药。

同样，在岗位上已经工作了一段时间的员工进入一个新的领域其实并不困难。华为在考虑了员工的学习能力和工作表现后，会让他进入一个崭新的岗位，本来在机关从事管理的岗位，突然换到市场从事一线销售的也大有人在，这样做，更多的是华为希望员工通过丰富的职业经验来拓宽他们职业的视野以及事业发展的宽度。

如果员工在某个岗位感觉不是得心应手，华为会允许他再重新选择一个他认为更合适的岗位，当然华为也提倡"干一行，爱一行"。为防止基层员工随意转岗，任正非指示有关部门，那些已经转岗的和以后还要转岗的基层员工，只要不能达到新岗位的使用标准，而原工作岗位已由合格员工替代的，建议各部门先劝退，各部门不能在自己的流程中，有多余的冗积和沉淀，华为每年轮岗的人数不得超过总数的17%。他警告说，哪一个部门的干部工作效率不高，应由这个部门的一把手负责任。

有工作经验的新员工如何在华为快速找到自己的定位？华为人的建议是，淡化自己过去形成的工作方法和习惯，以空杯和谦逊的姿态融入华为的工作环境。进入华为后，忘掉过去的"身份"，会更有利于自己的发展。

不论是对个人，还是企业，只有有计划、不间断地删除老的工作任务，才有时间和精力去开创新的局面。

彼得·德鲁克曾这样写道："在经营管理方面，杜邦公司一向比世界上其他化学公司做得要好。一旦某种产品的销售或某个生产流程开始出现下降的趋势，杜邦公司就会毫不犹豫地将其舍弃。公司不会将其紧缺的人才、资金等资源投入到保卫昨天的那一套陈旧东西中去。然而，大多数企业（无论化工的还是非化工的）的经营原则与杜邦的完全不同。他们会这样说：'只要将我们的车用天线厂经营好，市场总会有的。''我们公司就是靠此产品起家的，因此我们现在有责任让这一产品能在市场上维持下去。'尽管这些公司也派管理者去参加关于创新产品的研讨会，不过他们老是在抱怨搞不出新产品来。而与此同时杜邦公司却在为生产和销售新产品整天忙得不亦乐乎。"

第4节　加强紧迫感

美国著名心理学家加利·巴福博士曾经说过："再也没有比'即将失去'更能激励我们珍惜现有的生活了。一旦觉察到我们的时间有限，就不再会愿意过'原来'的那种日子，而想活出真正的自己。假如做不完就失业，那么，不管你之前有多么远大的未竟的事业，有多么美妙的计划尚未实施，你都不得不离开那个曾经给过你烦恼的岗位了。美妙的计划就意味着我们转向了曾经梦想的目标，修复或是结束一种关系，将一种新的意义带入我们的生活。许许多多的人执迷不悟，直到一场重大的危机彻底颠覆了我们的生活，比如被炒鱿鱼，我们才会被迫做出彻底改变生活的决定。但是，真的非要等到那一天吗？可不可以从现在开始？"

正如任正非所说：时光不能倒流，如果人能够从80岁开始倒过来活的话，人生一定会更加精彩。

在市场经济大潮中，企业的生存环境可谓是瞬息万变，自身资源状况也在不断地变化之中，企业发展的道路因此而充满危机。

正因为这样，任正非才会警告员工："华为的冬天很快就要来临！"惠普公司原董事长兼首席执行官普拉特才会说："过去的辉煌只属于过去而非将来。"企业老板对危机的感受是深刻的，但一般员工并不一定就能感受到这些危机，特别是不在市场一线工作的那些员工。很多员工都容易滋生享乐思想，他们认为自己收入稳定，高枕无忧，工作热情也日渐衰退。因此，企业管理者有必要向员工灌输危机观念，树立危机意识，重燃员工的工作激情。

在 2003 年前，低调的华为、低调的任正非在外界眼里充满一种神秘感，由于华为的产品主要面向企业客户，无须像一般制造企业一样必须通过扩大宣传获得更多民众的关注，除了行业人士，其他人对华为一知半解。再者，任正非始终坚持做企业就要踏踏实实，不张扬，不求功名，并把这种思想灌输给每一个华为人，从而形成了对外一致缄默的低调而神秘的企业形象。

即便如此，华为的大名早在 2000 年左右就已经在中国企业界流传开了。而这缘于任正非的两篇管理名作《华为的冬天》和《北国之春》。这两篇名作通篇都在强调危机意识。这种忧患意识也成为华为不断发展壮大的内在动力。

然而，如果让我们向上追溯任正非在《华为的冬天》和《北国之春》中的思想根源就会发现，在更早的时候，即 1995 年，任正非就已经敏锐地意识到华为即将到来的危机。

1995 年，华为自主研制的 C&C08 数字程控交换机在经过两年的研发、实验和市场推广之后，终于在中国市场上取得了大规模商用。华为的 08 机与巨龙的 04 机一起，成为中国广大农村通信市场的主流设备。华为人为此欢欣鼓舞，对公司的发展前景满怀信心，而任正非则清醒地意识到：

由于全世界厂家都寄希望于中国这块当前世界最大、发展最快的市场，而拼死争夺，导致中外产品撞车，市场严重过剩，形成巨大危机。大家拼命削价，投入恶性竞争。由于外国厂家有着巨大的经济实力，已占领了大部分中国市场，如果中国厂家仍然维持现在的分散经营，将会困难重重。

1996 年，华为全年完成销售额 26 亿元，经过 8 年奋战，华为正式进入企业的顺利发展阶段。而此时，任正非却尖锐地提出，面对成功，华为人必须要有一种清醒的认识，否则成功带来的不是企业的繁荣，而是令人措手不及的危机。

任正非在其题为《反骄破满，在思想上艰苦奋斗》的讲话中谈道：

成功是一个讨厌的教员，它诱使聪明人认为他们不会失败，它不是一位引导我们走向未来的可靠的向导。它往往会使我们以为 8 年的艰苦奋战已经胜利。这是十分可怕的。我们与国外企业的差距还较大，只有在思想上继续艰苦奋斗，长期保持进取、不甘落后的态势，才可能不会灭亡。繁荣的里面，处处充满危机。

任正非认为，成功是没有止境的。例如，对于生产的工艺、产品的加工质量，华为人都应该有一种"每天继续改进"的欲望；而市场营销则要从公关、策划型向管理型转变；至于中高层管理人员要善于做势，基层管理人员则要把工作做实。任正非坚持认为，成功只能说明过去，只有在思想中保持艰苦奋斗的优良传统，才能不为过去的成就所束缚，才能在更高的层次获得更大的进步。

同样是在 1996 年，任正非在华为发动了"市场部领导集体辞职"运动，市场部经过重新改组后，持续 3 个月均创造了历史最好的业绩，5 月份销售额达到 3.15 亿元。与此同时，捷报频传，华为与深圳商业网、广东视聆通多媒体通信顺利签订合同，天津 HONET 综合接入系统备忘录签订并开始实施，中国联通深圳公司与深圳市邮电局使用 08 机做专用接口局合同签订，广州市话 2 万门局（新业务的试验）合同签订……每一项目都意味着华为在新的领域、新的市场上，取得了战略性的突破。

在一次表彰大会上，任正非向奋战在各条战线、为此做出成绩的华为人，表示了真诚的祝贺，并号召全公司人员以他们为学习的榜样。在这样一个皆大欢喜的庆功会上，任正非仍然不忘提醒沉浸在喜悦中的华为人要警惕繁荣背后的危机。任正非表示：

> 繁荣的背后都充满着危机。这个危机不是繁荣本身的必然特性，而是处在繁荣包围中的人的意识。艰苦奋斗必然带来繁荣，繁荣以后不再艰苦奋斗，必然丢失繁荣。"千古兴亡多少事？悠悠，不尽长江滚滚流"。历史是一面镜子，它给了我们多么深刻的启示。忘却过去的艰苦奋斗，就意味着背弃了华为文化。

那么，任正非希望华为人如何对待目前的繁荣，预防可能会到来的危机呢？任正非在其题为《再论反骄破满，在思想上艰苦奋斗》的演讲中谈道："世界上我最佩服的勇士是蜘蛛，不管狂风暴雨，不畏任何艰难困苦，不管网破碎多少次，它仍孜孜不倦地用它纤细的丝织补。数千年来没有人去赞美蜘蛛，它们仍然勤奋，不屈不挠，生生不息。我最欣赏的是蜜蜂，由于它给人们蜂蜜，尽管它有时会蜇人，但人们都对它赞不绝口。不管您如何称赞，蜜蜂仍孜孜不倦地酿蜜，天天埋头苦干，并不因为赞美产蜜少一些。胜不骄，败不馁，从它们身上完全体现出来。在荣誉与失败面前，平静得像一潭湖水，这就是华为应具有的心胸与内涵。"

任正非认为，华为的发展道路不可能一直风调雨顺，狂风暴雨是一定会来的。他希望在那个时候每一个华为人都能像蜘蛛一样，不管遭遇多少挫折和打击，都不要放弃，要尽自己最大的努力"补网"，等待危机过去。他要求华为人必须做到，在面对繁荣和赞扬时，要能像勤奋的蜜蜂一样，埋头苦干，不为得失而耿耿于怀。这种"在荣誉与失败面前，平静得像一潭湖水，这就是华为应具有的心胸与内涵"的精神后来被纳入了华为的企业文化。

CHAPTER 6

成功的背后，
奋斗才是真谛

CHAPTER 6

奋斗越久越划算，工资变成零花钱。

第 1 节　不让雷锋穿破袜子

在深圳市龙岗区坂田基地的华为企业展厅前，是一个硕大的电子屏幕。屏幕上滚动播放着一些华为员工的工作镜头。

华为员工们遍布世界各地，视频中一个感人画面，出现在 2011 年日本福岛地震期间。彼时，因为核电站发生核泄漏，当地居民已经纷纷离开福岛，而华为在日本的员工却要在穿戴防辐射装备后，前往福岛整修通信设备。

事实上，战争、天灾等悲情时刻，往往是华为人辛苦工作的时刻，因为这个时期各地的通信设备往往需要抢修。作为一家民营企业，华为之所以能够在 20 多年里超越欧洲百年对手，很大程度是因为其对奋斗者精神的崇尚。

当然，付出和回报在这家企业是成正比的。"不让雷锋穿破袜子，不让焦裕禄累出肝病。"在华为的高速运转过程中，一直走"高薪"路线。

按任正非的说法，华为就是"高效率、高工资、高压力"的"三高"企业，"高工资是第一推动力"。

今天，知道"华为"这个名字的人很多，但细问起来，相信电信产业之外的人，九成以上完全不清楚这家高科技企业的具体经营项目。华为被许许多多不了解它的人记住并传播的原因很简单，是"一家高薪企业"。

其实华为一开始就在实行全员高薪制度，只是现在华为更敢于这样做。1993 年初，作为软件工程师进入华为的刘平之前在上海交通大学当老师，在学校的工资一个月 400 多元，这还是工作 8 年的研究生的待遇。来到华为后，当年 2 月份的工资是 1500 元，比当时上海交通大学校长的工资还高，而且他 2 月份只上了一天班，结果拿到了半个月的工资！这让刘平大感意外，深受感动。第二个月涨至 2600 元，之后，令刘平激动的是，每个月工资都会上涨，1993 年底他的工资已涨到 6000 元。这一年他的年薪为 4.8 万元（折合成 2009 年的购买力大致等于 48 万元的年薪）。华为之所以这样做，是因为任正非相信，企业可以高价买元器件，高价买机器，也可以高薪买人才。

后来《华为公司基本法》中有了这样一句话："华为公司保证在经济景气时期和事业发展良好的阶段，员工的人均收入高于区域行业相应的最高水平。"

一则流传较广的故事说，在华为的员工大会上，任正非提问："2000 年后华为最大的问题是什么？"大家回答："不知道。"任正非幽默地告诉大家："是钱多得不知道如何花，你们家买房子的时候，客厅可以小一点、卧室可以小一点，但是阳台一定要大一点，还要买一个大耙子，天气好的时候，别忘了经常在阳台上晒钱，否则你的钱就全发霉了。"虽然带有明显的鼓动意味，但不可否认的是，华为员工普遍满意自己的薪水。

华为人力资源部门会定期向专业咨询公司购买外部薪酬市场数据，

以此随时分析和审视华为薪酬标准的外部竞争力。其针对海外员工薪酬体系的制定，首先是尊重当地法律以及风俗习惯；其次便是必须结合华为本身的支付能力，以及"对内对外的公平性"。与当地主要同行企业相比，华为的薪酬水平具有较高的吸引力。

华为公司董事、高级副总裁陈黎芳表示："加入华为第一年的'零花钱'是多少？当然本科和硕士，包括每个人的能力的不同，我们从14万元到17万元起薪，最高到每年35万元人民币。除了'五险一金'这些基本保障以外，华为还会为每个员工购买商业保险和医疗救助。此外，无论在全球的哪个地方，华为的办公场所都选在当地最漂亮的地方。"

华为员工的收入分为基本工资、奖金和股权激励三部分。其中基本工资是按12个月每月进行发放。员工奖金支付根据员工个人所负的工作责任、工作绩效及主要完成项目的情况而定，同时也会考虑总薪酬包的情况。华为人力资源部会定期对工资数据进行回顾，并根据回顾结果和公司业绩对员工薪酬进行相应调整，以保证该项计划能在市场竞争和成本方面保持平衡。

企业机制的关键在于，不能让雷锋吃亏，奉献者定当得到合理回报。一个生机勃勃的企业机制，其基本就在于能够激励与回报那些为企业创造价值的员工。这就是有活力的机制与缺乏活力机制的本质区别所在。从另一方面讲，扬善必须惩恶，企业在保证不让奉献者吃亏的同时，也不能让投机者获利，偷懒者必须受到应有的惩罚。用句通俗的话讲，就是使小人不得志，让好人不吃亏。

2011年在宏观经济并不十分乐观的情况下，考虑到物价上涨等多重因素，华为仍实行涨薪。2011年上半年，结合员工的绩效情况，华为对中基层员工的工资进行了调整，平均涨幅11.4%，覆盖4万多名员工。华为此前也多次为员工涨薪，涨幅每年不同，但在 2002 年 IT 泡沫、企业倒闭潮期间例外。当年华为基层员工工资水平没有调整，而高层自愿申请降薪 10%。华为员工的总体收入在行业内是很有竞争力的。也由于这个原因，华为员工的流动率并不高，一直保持在 6% ~ 8%。

2013 年，华为宣布将首先投入超过 10 亿元人民币用于 13–14 级员工 2013 年的加薪，各部门平均涨幅在 25% ~ 30%。此外，从 2014 年应届生开始，本科毕业生起薪从以往的 6500 元（一线城市税前）上调至 9000 元以上；硕士毕业生起薪从 8000 元（一线城市税前）上调至 10000 元以上。

在华为看来，13 ~ 14 级的基层员工群体是公司各项业务的主要具体操作执行者，他们思想新、冲劲足、富有活力和热情，是公司未来的管理者和专家之源。应届生刚进华为的薪酬级别均为 13 级，此次加薪是为进一步吸引和保留优秀人才，特别是中基层人才，增加刚性，即确定性的工资收入。[1]

华为每年都会根据公司业绩普调员工薪水，调整幅度一般在 10%。

实际上，华为高层已认识到虚拟股对基层员工吸引力逐年下降的情况。这也是 2013 年 1 月，华为 CFO（首席财务官）孟晚舟，宣布给员工奖金和分红达 125 亿元的背后原因。

任正非说："我不眼红年轻人拿高工资，贡献很大才能拿到这么高的工资，我们还要进一步推行这种新的薪酬改革。前 20 多年我们已经熬过了不平坦的道路，走上新道路时，就要有新条件。3 个人拿 4 个人的钱，干 5 个人的活，就是我们未来的期望。这样改变以后，华为将一

---

[1] 陈庆麟 . 华为中兴高薪抢人：华为本科生起薪 9000 元 [N]. 新快报，2013.

枝独秀。"

华为主张给能干活的人多一些钱，激励他们干更多的活。华为也不宣传让大家都去做雷锋、焦裕禄，但对奉献者公司一定给予合理回报，这样才会有更多的人为公司做出奉献。这既是核心价值观，也是华为的基本价值分配政策。

1996 年，在华为内部文章《华为发展的几个特点》中有这样一段表述："公司奉行决不让雷锋吃亏的源远流长的政策，坚持以物质文明巩固精神文明，促进千百个雷锋不断成长，使爱祖国、爱人民、爱公司、爱自己的亲人与朋友的一代新风在华为蔚然成风。"

同时任正非也在其文章《华为的红旗到底能打多久》中补充道："公司努力探索企业按生产要素分配的内部动力机制，使创造财富与分配财富合理化，以产生共同的更大的动力。我们决不让雷锋吃亏，奉献者定当得到合理的回报。这种矛盾是对立的，我们不能把矛盾的对立绝对化。我们是把矛盾的对立转化为合作协调，变矛盾为动力。"

2005 年，华为内部文件《关于人力资源管理变革的指导意见》中明确指出："我们已明确员工在公司改变命运的途径有两个：一是奋斗，二是贡献。员工个人可以奋斗是无私的，而企业不应让雷锋吃亏。"

如何分辨你是老板级的员工还是打工仔的员工？在华为，从你的薪资账户就看得很清楚。

"我们不像一般领薪水的打工仔，公司营运好不好，到了年底会感同身受"，2002 年从日本最大电信商 NTT DoCoMo 跳槽加入华为、任LTE TDD 产品线副总裁的邱恒说，"你拼命的程度，直接反映在薪资收入上。"

以邱恒为例，2009 年因为遭遇金融危机，整体环境不佳，公司成长幅度不如以往，他的底薪不变，但分红跟着缩水。隔年，华为的净利创下历史新高，他的分红就超过前一年的 1 倍。

这等于是把公司的利益与员工的个人利益紧紧绑在一起。在华为，一个外派非洲的基础工程师如果能帮公司服务好客户，争取到一张订单，年终获得的配股额度、股利，以及年终奖金总额，会比一个坐在办公室、但绩效未达标的高级主管还要高。①

---

① 为啥全世界都怕华为？为培养团队肯给员工百万股利[OL].搜狐，2014.

第 2 节　奋斗越久越划算

三年困难时期后的 1962 年，对于城市户口的多子女家庭，生活更是艰难。即使在这样的环境下，任正非的父母依然坚持让 7 个孩子都读书，不让他们放弃学业去工作支撑家庭。家里实行控制所有人欲望的严格分餐制，而任正非母亲的一份总会跑到最需要的那个孩子碗里。这段岁月给予青少年时代的任正非最初的人生体验是：每天饥肠辘辘，无心读书，学习成绩很不稳定。初中因学习成绩优异被学校作为"因材施教"的对象受到表彰，而高二期间却多次补考。高中三年，任正非最大的理想是能吃一个白面馒头。

临近高考时在家复习功课，任正非饿得实在受不了了，便用米糠和菜掺和一下，烙着吃。那时家里穷得连个可以上锁的柜子都没有，粮食是用瓦罐装着，他从不随便去抓一把，如果那样做，会有一两个弟弟、妹妹活不到今天。这当然都没有逃出母亲的眼睛。后 3 个月，母亲经常早上悄悄塞给他一个小小的玉米饼。但在同样忍饥挨饿的 6 个弟弟、妹妹的注视中吞咽下去，对任正非来说并不是一件简单的事："小小的玉米饼，是从父母、弟弟、妹妹的嘴里抠出来的，我无以报答他们。"

任正非上大学时，母亲千方百计给他做了两件衬衣、一床被子。没有被单，母亲捡了毕业学生丢弃的几床破被单缝缝补补，洗干净，这床被单就在重庆陪伴他度过了 5 年的大学生活。

母亲的不自私，让任正非在华为创立了"人人股份制"。

任正非写道：

> 我创建公司时设计了员工持股制度，通过利益分享，团结起员工，那时我还不懂期权制度，更不知道西方在这方面很先进，有多种形式的激励机制。仅凭自己过去的人生挫折，感悟到与员工分担责任，分享利益。创立之初我与我父亲相商过这种做法，结果得到他的大力支持，他学过经济学。这种无意中插的花，竟然今天开放到如此鲜艳，成就华为的大事业。

华为的核心价值观中有以奋斗者为本。什么叫以奋斗者为本？就是华为的劳动和资本的分享。劳动部分，即雇员收入增长大于华为的资本分享，也就是利润部分，而且这个利润的分享，不是少数人分享，分享的是现在的 82000 多名合伙人。

根据华为统计，华为员工的收入在第一二年的时候，跟行业平均水平相比，领先程度并不明显，但是到第三年以后，奖金和长期激励部分就会越来越明显，特别是长期激励。如果有机会到海外去工作的话，还会增加非常多的补助，收入会有大幅增长。华为内部常讲，奋斗越久越划算，工资变成零花钱。

华为的长期激励中很大一部分是股权激励。华为所推行的员工持股制是华为公司价值分配体制中最核心、最有激励作用的制度。在股权上实行员工持股，但要向有才能和责任心的人倾斜，以利益形成中坚力量。华为的员工普遍具有持有公司股份的机会。每一个年度，员工可根据对其评定的结果，认购一定数量公司的股份。

通过股权的安排，使最有能力和责任心的人成为公司剩余价值的索取者。知识被转化为资本，使华为这家以知识为生存根本的公司，获得了源源不断的生命力。华为公司的股权分配强调持续性贡献，主张向核心层和中间层倾斜。员工持股的激励是短期的激励和长期的激励相结合。华为股权的分配不是按资分配，而是按知分配，它解决的是知识劳动的回报，股权分配是将知识回报的一部分转化为股权，从而转化为资本；股金解决的则是股权的收益问题，这样就从制度上初步实现了知识向资本的转化。①

早在 1997 年前后，华为就在薪资水平上向西方公司看齐，不如此，就很难吸引和留住人才。为了同样的目的，创立初期，华为就在员工内部实行"工者有其股"，在发展 20 多年后，当年并不值钱而且多年未分红的华为股票，现在成为员工最看重的资产。

2001 年前华为处在高速上升期，华为原薪酬结构中股票发挥了极其有效的激励作用，那段时间的华为有种"1+1+1"的说法，即员工的收入中，工资、奖金、股票分红的收入是相当的。员工凭什么能获得这些？凭借的是他的知识和能力，在华为，"知本（知识资本）"能够转化为"资本"。

任正非的理论是：知识经济时代是知识雇佣资本，知识产权和技术诀窍的价值和支配力超过了资本，资本只有依附于知识，才能保值

---

① 陈明. 华为如何有效激励人才 [J]. 商业财经. 2006.

和增值。

把知识转化为资本，"知本"主义制度是华为的创新。其表现在股权和股金的分配上，股权的分配不是按资本分配，而是按"知本"分配，即将知识回报的一部分转化为股权，然后通过知本股权获得收益。华为对人力资本的尊重还体现在《华为公司基本法》中。任正非在《华为公司基本法》起草过程中多次说道：高技术企业在初期使用"知本"的概念是很准确的；资本要考虑"知本"和风险资本两个方面，"知本"要转化为风险资本，风险资本要滚大，否则不能保证企业的长期运作；风险资本既包括企业风险资本，也包括外部风险资本；在价值分配中要考虑风险资本的作用，要寻找一条新的出路。劳动、知识、企业家的管理和风险的贡献累计起来以后的出路是什么？看来是转化为资本。我们不能把创造出来的价值都分光了，而是要积累成资本，再投入到企业的经营中去。

任正非在企业内部推行"工者有其股"的激励机制，让员工和企业共同奋斗，共同受惠，形成了一个有机的命运共同体。

华为有两大股东，一是代替员工持股的深圳市华为投资控股有限公司工会委员会，持股比例约99%；另一个股东为自然人任正非，持股比例约1%。

在华为已有80000人加入了持股计划，该计划当前对于公司股票的定价为每股5.42元人民币。2013年每股分得的红利为1.41元人民币，相当于以当前的价格买入将获得26%的收益率。

在华为深圳总部的一间密室里，有一个玻璃橱柜，里面放了10本蓝色的册子。这些厚达数厘米的册子里记录着约80000名员工的姓名、身份证号码以及其他个人信息，根据一项"员工股票期权计划"，册中的员工持有公司约 99% 的股份。

一个领死薪水的员工，不可能主动去帮客户想出创新的解决方案。但华为的员工因为把自己当成老板，待得越久，领的股份与分红越多，所以大部分人不会为了追求一两年的短期业绩目标而牺牲掉客户利益，而是会想尽办法服务好客户，让客户愿意长期与之合作，形成一种正向循环。

自"工者有其股"的计划于 1997 年引入以来，华为股票价格的上涨幅度已经超过了 5 倍，同期深圳股票市场的涨幅为 250%，这与华为发展壮大的过程一致，最初的华为不过是一家在深圳的两间小公寓里创立起来的小公司。正如华为董事会首席秘书江西生所说："当时任正非常常谈到未来有多美好，但我们都认为他想得太远。现在这些梦想都已经实现了，这段时期是华为的黄金时代。"

对于华为坚决不上市，外界一直难以理解任正非的逻辑。

获得资本的青睐是件好事，但也有危机，因为逐利的资本需要的是"股东利益最大化"，市值的沉浮成为企业经营管理者每天关注的焦点。当一家企业按照证券分析机构的观点来决定做什么、不做什么时，这家企业离死亡也就不远了，这是华为至今坚持不上市的主要原因。

关于华为为什么不上市，任正非曾说：

> 公司过早上市，就会有一批人变成百万富翁、千万富翁，工作激情就会衰退，这对华为不是好事，对员工本人也不见得是好事。华为会因此增长缓慢，乃至队伍涣散。

华为股权激励的 4 个阶段

华为的成功，许多人归之于中国政府的支持，实际上，最支持任正非的是 17 万华为员工。因为任正非用了中国企业中史无前例的奖酬分红制度，约 99% 的股票，都归员工所有，任正非本人所持有的股票只占了约 1%，造就了华为式管理的向心力。

出身贵州贫寒家庭，家中有 7 个兄弟姊妹，身为家里的老大，任正非从小就学会要与父母一同扛起责任。高中那年，一家人穷到得去山上挖野草根煮来充饥。偶尔有一块馒头，父母亲也会切成 9 等份，每个人只有一口，为的是让每个孩子都能活下去。

"要活，大家一起活！"这个意念从此深植任正非心中，成为他创业后坚持利益共享的基础。

全员持股是股权激励中风险较大的一种，但其收益也是显著的。当时，华为推动全员持股的行为，可以说是"敢为天下先"。它直接成为华为崛起的支柱，时至今日，华为仍然奉行着全员持股这一举措。华为内部股权激励始于 1990 年，至今已进行了 4 次大的股权激励。

1998 年正式出台的《华为公司基本法》之于华为是一份纲领性和制度性的文件，是华为价值观的总结，代表着任正非本人的管理思想。多年来，内容部分曾做过修订，但涉及员工持股的价值分配章节的内容，一字未动过。

在《华为公司基本法》第一章第四部分第十七条中，可以找到华为关于员工持股的纲领性的陈述：我们实行员工持股制度。一方面，普惠认同华为的模范员工，结成公司与员工的利益与命运共同体。另一方面，将不断地使最有责任心与才能的人进入公司的中坚层。

这个表述契合了合伙人制度中的几个关键概念：一是模范员工，二是利益与命运共同体，三是中坚层。

在分配的时候，企业家应该得多少呢？劳动的这些人又应该得多少呢？这与企业阶段有关系。

创业期股票激励

创业期的华为一方面由于市场拓展和规模扩大需要大量资金，另一方面为了打压竞争者需要大量科研投入，加上当时民营企业的性质，出现了融资困难。因此，华为优先选择内部融资。内部融资不需要支付利息，存在较低的财务困境风险，不需要向外部股东支付较高的回报率，同时可以激发员工努力工作。

1993 年初，在深圳蛇口的一个小礼堂里，华为召开了 1992 年年终总结大会，当时全体员工 270 人，第一次目睹了任正非满脸沉重、嗓音沧桑的真情流露。会议开始后，只见任正非在台上说了一句"我们活下来了"，就泪流满面再也说不下去，双手不断抹着泪水……这是一面镜子，从中可以窥见任正非创业初期经受的艰辛与屈辱，也可以看见后来采取共赢市场策略和全员持股时，他的内心有多么坚定。宁愿与所有人利益均沾，宁愿自己只占约 1% 的股份，也要让合作伙伴、让员工和自己一起拼命把企业做大。

此时，华为已经具备了突出的成本优势，但它还需要市场规模。

没有强大的资金实力，成本优势再明显，也难以做大市场，那么规模经济之下的成本优势就体现不出来，华为就等于没有优势。关键是资金，但 1992 年华为销售收入只有区区 1 亿元，这点资金远远不够做市场。何况，研发也是一个需要花大价钱招收大量技术人员和连续投入大量资金的漫长过程……此时华为的资金极为紧张，面临生死大考。

资金在哪里？

20 世纪 90 年代初，国外竞争对手们纷纷通过技术转让、与邮电系统甚至与当地政府成立合资公司等方式进入中国市场。任正非想，既然外资可以这样，自己拥有核心技术，为什么我们不可以呢？华为很快学到了这一点，而且做得更加彻底——华为不只是与一个地方的邮电系统合资，而是与全国的邮电系统合资，广泛吸收股份。

更妙的是，华为并不吸收只给予资金支持而没有业务往来的单纯资金，而是将风险投资的目标集中在各地既有市场又拥有资金的客户群，即邮电系统上。也就是，邮电系统出资与华为合作组建一家新公司，华为入股并主导经营。这便是 1993 年得到广东省和深圳市支持，华为与全国 21 家省会城市邮电系统联合发起成立的合资公司——莫贝克公司，注册资金 8881 万元。华为给邮电股东们的年分红承诺达 30%。

对邮电系统而言，这是用自己的资金在自己的地盘做市场，让自己获利，自然全力以赴。

通过这种方式，华为与电信局客户之间形成了资金和市场的紧密联盟，就像硬币的两面，一面获得资金，另一面获得市场。资金解决了，市场打开了，华为大转折，迈过生死关。高利润为华为带来了全新的经营思维。此时，手握大把现金的任正非，开始转为更深层面的经营策略：把高额利润带来的企业优势全部做足，以此激发出员工的所有激情，以"滚雪球"的方式，实现加速度和更大规模的发展。于是任正非做出了两项决定：实行全员高薪，激发员工潜力；实行全员持股，形成企业内部的"全员利益共同体"。

全员持股在创办初期，作为民营企业，融资困难。为了吸引人才，任正非大量稀释了自己的股份，这就是华为的全员持股。

1990 年，华为第一次提出内部融资、员工持股的概念。当时参股的价格为每股 10 元，以税后利润的 15% 作为股权分红。那时，华为员工的薪酬由工资、奖金和股票分红组成，这三部分数量几乎相当。其中股票是在员工进入公司一年以后，依据员工的职位、季度绩效、任职资格状况等因素进行派发，一般用员工的年度奖金购买。如果新员工的年度奖金不够派发的股票额，公司帮助员工获得银行贷款购买股权。

华为采取这种全员持股方式，带来了以下两个好处：减少公司现金流风险，且内部融资无须支付利息，降低了财务风险，也不需要向外部股东支付高额分红；增强了员工的归属感，全员持股等于给员工描述了企业的愿景——在未来会有高额的回报。同时，由于全员持股，员工有了一种主人翁的意识，责任感和归属感也随之而来。

在股权激励和主人翁意识的驱动下，华为人夜以继日地奋斗着，即使拿着微薄的薪水、住着简易的农民房，他们也始终保持高昂的战斗状态，期望着年底的奖金、分红以及股权。

全员持股是一项绝佳的绩效激励措施，它以利益均沾的形式，让每个员工都心系公司命运，并为之努力提升个人和团队的绩效。当时，华为员工自嘲道："这些躺在纸面上的'数字'，不知何时能兑现。"但他们清醒地意识到，如果不努力，这些数字永远不会"复活"。

也就是在这个阶段，华为完成了"农村包围城市"的战略任务，1995 年销售收益达到 15 亿元人民币，1998 年将市场拓展到中国主要城市，2000 年在瑞典首都斯德哥尔摩设立研发中心，研发技术上了一个新台阶，海外市场销售额达到 1 亿美元。2000 年底，华为的销售额已经突破了 100 亿元大关。

我们看到华为采取全员持股取得巨大成就的同时，还应注意到全员持股不是万能药，它存在的巨大风险，即无法兑现。那么，华为全员持股为何能如此成功，其原因，我们后面会讲到。

按照华为的内部股票制度和经营情况，一名有发展潜力的员工在1997年进华为，1998年时拿到1997年年终奖金4万元，会分得8万元股票；1999年，8万元股票分红60%，同时分得1998年的奖金8万元，且又会分得股票18万元。这时他在华为工作3年就拥有了26万元的华为股票，当然这些股票需要用现金来买，离职时按一定比例兑现。而且，公司分配给人才的内部股票，不买还不行，不买就意味着和公司不是一条心，会影响到下一步的升职、加薪。华为内部股票的分红比例，1992～1996年都高达100%，1997年为70%，之后递减到2002年的20%，一年发一次红利，红利自动滚入本金。过去华为有"1+1+1"的说法，即员工的收入中，工资、奖金、股票分红的收入比例相当。

任正非在其文章《天道酬勤》中这样写道："公司创业之初，根本没有资金，是创业者们把自己的工资、奖金投入到公司，每个人只能拿到很微薄的报酬，绝大部分干部、员工长年租住农民房，正是老一代华为人'先生产，后生活'的奉献，才使公司挺过了最困难的岁月，支撑了公司的生存、发展，才有了今天的华为。当年他们用自己的收入购买了公司的内部虚拟股，到今天获得了一些投资收益，这是对他们过去奉献的回报。我们要理解和认同，因为没有他们当时的冒险投入和艰苦奋斗，华为就不可能生存下来。我们感谢过去、现在与公司一同走过来的员工，他们以自己的泪水和汗水奠定了华为今天的基础。更重要的是，他们奠定与传承了公司优秀的奋斗和奉献文化，华为的文化将因此生生不息，代代相传。"

网络经济泡沫时期的股权激励

股权激励并非万能，当股权激励的力度不够大时，股权激励的效果也相当有限。华为公司刚开始所进行的股权激励是偏向于核心的中高层技术和管理人员，而随着公司规模的扩大，华为有意识地稀释大股东的股权，扩大员工的持股范围和持股比例，增强员工对公司的责任感。

2000 年网络经济泡沫时期，IT 业受到毁灭性影响，融资出现空前困难。2001 年底，由于受到网络经济泡沫的影响，华为迎来发展历史上的第一个"冬天"，此时华为开始实行名为"虚拟受限股"的期权改革。

在经济危机时期进行股权激励，留住企业核心人才的同时也要开拓市场。在经济危机时，很多企业的人才流失并非是裁员，而是当员工预期企业未来的业绩不好时，主动选择离职，以便有更多的机会寻找更好的工作。那么，对员工进行股权激励，一方面增强了员工的主人翁意识，另一方面也有利于降低员工的流失率。同时股权激励是建立在未来盈利水平上的一种激励模式，公司不仅要实施股权激励，也要积极开拓市场，增加市场份额，以保证公司未来广阔的发展空间和稳定的现金流。

在此之前，华为几乎年年向员工配股，股票又从何而来？

2001 年后，华为公司实行了相应的员工持股改革：新员工不再派发长期不变 1 元 1 股的股票，而老员工的股票也逐渐转化为期股，即所谓的"虚拟受限股"（下称"虚拟股"）。虚拟股由华为工会负责发放，每年华为会根据员工的工作水平和对公司的贡献，决定其获得的股份数。员工按照公司当年净资产价格购买虚拟股。

拥有虚拟股票的华为员工可以据此享受一定的分红权和股价升值

权，但是没有所有权，没有表决权，不能转让和出售，在离开企业时自动失效。

这就是说，假如华为向一名员工配"虚拟受限股"一万股，这或许并不表明华为需要增发一万股新股供认购。此外，"虚拟受限股"是否对应着华为相同数量的股份，这都是未知数。

虚拟股票的发行维护了华为公司管理层对企业的控制能力，不至于导致一系列的管理问题。总体而言，这个阶段华为的股权激励政策有以下 3 个特点：1. 新员工不再派发长期不变 1 元 1 股的股票；2. 老员工的股票也逐渐转化为期股；3. 以后员工从期权中获得收益的大头不再是固定的分红，而是期股所对应的公司净资产的增值部分。

期权比股票的方式更为合理，华为规定根据公司的评价体系，员工获得一定额度的期权，期权的行使期限为 4 年，每年兑现额度为 1/4，即假设某人在 2001 年获得 100 万股，当年股价为 1 元 / 每股，其在 2002 年后逐年可选择 4 种方式行使期权：兑现差价（假设 2002 年股价上升为 2 元，则可获利 25 万元）、以 1 元 / 每股的价格购买股票、留滞以后兑现、放弃（即什么都不做）。从固定股票分红向"虚拟受限股"的改革是华为激励机制从"普惠"原则向"重点激励"的转变。

"非典"时期的自愿降薪运动

2003 年，尚未挺过泡沫经济的华为又遭受"非典"的重创，出口市场受到影响，同时和思科之间存在的产权官司直接影响华为的全球市场。华为内部以运动的形式号召公司中层以上员工自愿提交"降薪申请"，同时进一步实施管理层收购，稳住员工队伍，共同渡过难关。

2003 年的这次配股与华为以前每年例行的配股方式有 3 个明显

差别：

一是配股额度很大，平均接近员工已有股票的总和；

二是兑现方式不同，往年积累的配股即使不离开公司也可以选择每年按一定比例兑现，一般员工每年兑现的比例最大不超过个人总股本的1/4，对于持股股份较多的核心员工每年可以兑现的比例则不超过 1/10；

三是股权向核心层倾斜，即骨干员工获得配股额度大大超过普通员工。

此次配股规定了一个 3 年的锁定期，3 年内不允许兑现，如果员工在 3 年之内离开公司的话，则所配的股票无效。华为同时也为员工购买虚拟股权采取了一些配套措施：员工本人只需要拿出所需资金的 15%，其余部分由公司出面，以银行贷款的方式解决。自此改革之后，华为实现了销售业绩和净利润的突飞猛涨。

新一轮经济危机时期的激励措施

2008 年，由于美国次贷危机引发的全球经济危机给世界经济发展造成重大损失。面对本次经济危机的冲击和经济形势的恶化，华为又推出新一轮的股权激励措施。华为从 2008 年开始调整配股方式，施行新的“饱和配股”制度。具体来讲，就是以级别和考核为依据，设定员工当年的虚拟股配股数量。同时根据级别，设定员工的虚拟股总量上限。这一规定也让手中持股数量巨大的华为老员工们配股受到了限制，给新员工的持股留下了空间。

饱和配股模型如下图所示。

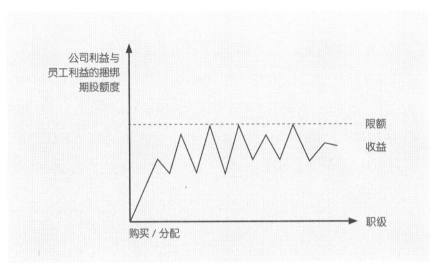

图 6-1　饱和配股模型

从模型中可以看出，不同职位级别匹配不同的期股量。例如，职位级别为 13 级的员工，持股上限为 2 万股，14 级为 5 万股；其中收益呈波浪线，是因购买 / 分配数量不同而形成的。此外，持股已达到其级别持股量上限的，不参与配股。这包括了大部分在华为总部的老员工。

华为的内部股在 2006 年时约有 20 亿股。按照上述规模预计，此次的配股规模在 16 亿～ 17 亿股，因此是对华为内部员工持股结构的一次大规模改造。这次的配股方式与以往类似，如果员工没有足够的资金实力直接用现金向公司购买股票，华为以公司名义向银行提供担保，帮助员工向银行贷款购买公司股份。

华为此次配股一方面缓解了资金压力，另一方面提高了员工收益，同时使绩效（期股）与职位等级挂钩，进一步完善了绩效分配机制，促使员工更加努力工作。

员工拥有虚拟股实际数量，占可配股总量上限的比例，称为"饱和率"。这样一来，2008 年之后出现的"饱和率"，成为华为员工，尤其是新员工的心理预期。

华为公司的股权激励历程说明，股权激励可以将员工的人力资本与企业的未来发展紧密联系起来，形成一个良性的循环体系。员工获得股权，参与公司分红，实现公司发展和员工个人财富的增值，同时与股权激励同步的内部融资，可以增加公司的资本比例，缓冲公司现金流紧张的局面。

华为虚拟股一直被内部员工视为"唐僧肉"，其 2012 年每股分红达 1.46 元，总分红和奖金额度超过 125 亿元，给华为超过 6 万名持股员工创造了丰厚收益。

2010 年每股分红 2.98 元，2011 年为 1.46 元。2013 年每股分得的红利为 1.41 元人民币，相当于以当前价格买入将获得 26% 的收益率。2014 年对华为公司股票的定价为每股 5.42 元人民币，员工购买数万股需要几十万元。

华为员工持股成功的原因

员工持股在 20 世纪 90 年代初期被认为是激励员工的有效手段，被相当多的中小民营企业采用，然而几年之后，能够生存下来的企业真正实施了员工持股计划的几乎少之又少。那么究竟是什么原因导致了如此巨大的差别呢？难道真的是"橘生淮南则为橘，生于淮北则为枳"吗？

在当时，可以说几乎所有的企业都对员工持股计划一知半解，都没有什么经验，都是按照自己的理解在设计，但华为成功了，它的成功也绝不是偶然的。

华为的股权分配在华为内部称为虚拟受限股，任正非的股份约占1%，剩下的股份由员工持股委员会代持。员工选出的代表进入董事会，掌控企业方向。我们看到华为采取全员持股取得巨大成就的同时，还应注意到全员持股不是万能药，它存在着巨大风险，即无法兑现。任正非没有在推行全员持股后，就高枕无忧。任正非还做了下面5件事来为全员持股护航。

重视精神激励。任正非通过慷慨激昂的演说、亲力亲为的行动激励着每一个员工。全员持股属于长期绩效激励目标，员工的斗志、热情很容易在漫长的工作中消磨殆尽，如此一来，全员持股就失去了激励的作用。任正非在平日的工作中十分重视员工的精神激励，使得员工始终精神饱满地投入工作。

信守承诺。华为当初的现金压力是非常大的，而吸引人才所需支付的薪酬又很高，也正是在这样的背景下，华为推出员工持股计划。这一激励手段确实能够起到激励和保留员工的作用，但同时它也有着很高的不确定性，任正非为打消员工的疑虑和担心，在每年的分红上，从来没有"爽约"过，这也让员工对公司的未来充满信心。信守承诺，是实施全员持股的基础，基础不在，对员工而言，高额的回报只是"画饼"。

不仅如此，华为每年还会请四大所之一的德勤会计师事务所对公司进行财务审计，包括任正非本人出差期间在酒店干洗衣服的费用，这本应由个人支付，而不小心由公款报销都会被审计纠正，这就解决了员工的信任问题。

而且，对于离职的员工，只要按规定办完移交手续，立即退还购股款额，对于已经离职的员工尚且如此，更何况是在职员工呢！这样，彻底打消了员工尚存的疑虑，从而将员工持股计划的激励功能发挥到极致。

华为初创期全员持股的激励措施，以满足员工物质需求和精神需求为导向，积极发挥员工的主观能动性，从而稳定和改善了公司的绩效。

在文章《寻求平衡，比翼齐飞》中有这样一段话："公司下一步发展离不开资金积累。在资金来源上，有两种可能性。第一种是开放资金市场，公司股权让公司以外的人来购买；第二种就是扩大生产，增加利润，自我积累。第一种方式来钱快，但这种钱不是好拿的，而且可能干扰我们的体制。我们是以劳动为本位，而不是以资本为本位的体制。采取对劳动成果高度肯定的态度，以工资、股票等形式给予劳动者报酬。尽管目前这种体制还是靠公司领导个人品质来维持，体制本身也处于探索中，但这种机制一定要规范化，以制度的方式存在下去。所以，华为既不能把资金全部寄托在资金开放上，也不能仅局限于自身的利润积累，而应在二者之间寻求平衡点。"

如果你持有内部股票，还可以很容易地套现，拿走一大笔现金。1997 年底，开发部副经理张 ×× 得到了 8 万股（每股 1 元）配股。当年华为是在 10 月 1 日开始配股的，凡是 10 月 1 日以后去的算是新员工，必须到第二年的 10 月 1 日才能分配内部股。而比他早去 1 个月，在 9 月进入华为的员工则参与了配股。他在华为工作了 4 年，就因为晚报到了几天，就比其他同事少了近 30 万元的收入。虽然这是公司的规定，但仍让不少事先不清楚的员工倍感遗憾。该员工 2002 年 1 月辞职的时候，华为的配股已经变成期权了，当时他的配股是按照每股 2.6 元人民币套现的。张 ×× 当初从原来的国有企业单位辞职，办理调动手续的时候，遇到了各种各样的刁难。他在原单位的工资是 800 元，先被扣了当年的奖金，又被索赔 1 万元，几经周折，才办好了辞职手续。而当他从华为辞职的时候，根本不用自己去跑，公司专门有一名人员给他办理完了所有的辞职手续。当他接过那一大笔沉甸甸的现金，才突然发觉这一次辞职是一个极大的错误。"华为真的很够意思。"这名员工说，"看来有的资本家还是很好的嘛！"另一位辞职的华为人说："华为对技术开发人员的确很够意思，像我 1995 年刚进公司的时候，他们就开出了6500 元的月薪，后来慢慢涨到了 12000 元，加上其他的补助，拿到手上的数字还要高一些。"这位工程师在办好一切辞职手续后，意外地发现自己还拿到了一大笔年终分红，吃惊与意外之余说："我几乎都有点后悔离开华为了。"

持续的高配股、高分红。为减少支付现金红利造成的财务压力，华为在每年高额分红的同时向员工高额配股，这样做的好处可谓一举多得，一是坚定员工持有和购买股票的信心，试想，如果每年不能分红或分红很少，员工必然对公司的盈利前景失去信心，还有谁会购买公司股票呢？二是避免了因分红给公司带来现金压力，公司的现金总量并没有减少，正是由于对公司的前景充满信心，员工都乐于购买公司配给的股票。

如今，华为在内部发行的虚拟受限股约 110 亿股，每股价值 5 元左右。这相当于是内部的一个股票交易所，多年来华为在内部募集的资金甚至数倍于一些同业在国内 A 股募集的资金。如果持股员工想要退出，目前华为采取按照企业增值估算的模式，将原有股本和增值部分一起退给员工。这种进退自如的方式获得了员工的认可，同时也为企业发展募集了宝贵资金，而持股员工也在华为的飞速发展中获得了不菲的股权收益。

比如，从 2000 年到 2010 年，上证指数从 2073 点涨到了 2808 点，增长了 0.35 倍。同期，假如投资上海的房子，增长 5.4 倍。如果投资华为的虚拟受限股，增值则达到 15 倍。

未来可观的前景。股权激励不是空谈股权，能在未来实现发展和进行分红是股权激励能否成功实施的关键。在行业内，华为公司领先的行业地位和稳定的销售收入成为其内部股权激励实施的经济保证。根据美国分析机构 Informa 经济公司的咨询报告，华为在移动设备市场领域排名全球第三。华为的产品和解决方案已经应用于全球 100 多个国家，服务全球运营商前 50 强中的 36 家。2008 年很多通信行业企业业绩下滑，而华为实现合同销售额 233 亿美元，同比增长 46%，其中 75% 的销售额来自国际市场。

华为 2013 年年度财报显示，2013 年公司各项业务持续有效增长，实现全球销售收入 2390 亿元，同比增长 8.5%，净利润 210 亿元。2013 年华为基本实现了预期的经营目标。

华为过去现金分红和资产增值是促使员工毫不犹豫购买华为股权的因素之一。随着华为的快速扩张，华为内部股近几年来实现了大幅升值。2002 年，华为公布的当年虚拟受限股执行价为每股净资产 2.62 元，2003 年为 2.74 元，到 2006 年每股净资产达到 3.94 元，2008 年该数字已经进一步提高为 4.04 元。员工的年收益率达到了 25% ～ 50%。如此高的股票分红也是员工愿意购买华为股权的重要原因。

华为独特的企业文化。虽然绝大多数员工都选择用分得的红利购买配股，但仍有少部分员工选择领取现金红利，对于这部分员工，华为绝不拖欠。但到了第二年，这部分员工看到其他员工又能分得可观红利，他们一定会后悔当初的选择，结果还远非如此，华为的企业文化绝对是奖励认同公司价值观的员工，对于那些对公司抱有怀疑态度的人是不会重用的，他们在公司的发展前景会很暗淡，这样的文化氛围进一步支持了华为的员工持股计划。

华为早期的员工持股计划成就了今天的华为，它的成功不是偶然的，是任正非的诚信和无私、是华为的企业文化等众多因素综合作用的结果。

有些主管请来外企的高管，比如说专攻无线技术的专家，可能从瑞典、韩国找来的专家工资比自己的还高。这不是这些主管思想觉悟高，而是与华为分配制度有关系。华为实行全员持股，工资收入外还有股权的收入，只有饼做大了，股权回报才能提高。公司如果维持原来规模，股权回报是一定的，但是公司规模成倍增长，即使股权相对值变小，但是绝对值是增多的。

任正非表示："华为股票之所以值钱，是因为华为员工的奋斗，如果大家都不努力工作，华为股票就会是一张废纸。是你们在拯救公司，确保财务投资者的利益。作为财务投资者应该获得合理回报，但要让'诺曼底登陆'的人和挖'巴拿马运河'的人拿更多回报，让奋斗者和劳动者有更多利益，这才是合理的。

"华为确保奋斗者的利益，若你想申请退休，公司也要确保退休者有利益。不能说过去的奋斗者就没有利益了，否则以后谁上战场呢？但是若让退休者分得多一点，奋斗者分得少一点，傻帽儿才会去奋斗呢？因为将来我也是要退休的，如果确保退休者更多利益，那我应该支持这项政策，让你们多干活，我多分钱，但你们也不是傻帽儿。因此价值观不会发生很大变化，传这种话的人都是落后分子。华为将来也会规定，拥有一定股票额的人员退休后不能再二次就业。"

华为的中高级主管和专家基本不辞职，除了自己想休息或者创业。要想挖华为一位中高级主管很难，因为待遇很少有公司开得起。根据华为 2011 年年报，2008 ~ 2011 年，华为的股东权益回报率分别为 21%、42%、40%、17%。因为华为是根据净资产作价配股，所以华为员工在华为公司的虚拟受限股的年回报率与上述股东权益回报率应当基本一致，这个回报率确实不可谓不高。别的公司工资可以给得高一点，但没有股权。

华为要求离开的人就得退股。任正非从创业开始建立的这个分享机制，也就是华为成功的最核心的要素。当然，最成功的要素走到今天，也有它的问题。问题就是华为有一部分人不干活、不进步，只要在华为待得下去就行了。这时激励就失效了，因为股权的机制只要在华为就一直有。

华为的员工持股机制说是长期激励，但事实上不是长期激励，这还是知识资本化的概念。长期激励是根据长期绩效来回报的，而华为是一旦配股给员工了，只要员工在华为就长期有，这是华为面临的新的挑战。历史上员工持股成就了华为，团结了一大批人才，但走到今天，这些新问题是华为下一步要想办法解决的。华为总的目的就是要让每一个人都被激励起来，也就是华为说的奋斗，在华为你不奋斗是不行的。华为一直是希望员工逐步走向富裕，而不是一夜暴富。

第3节　华为的大平台

华为将他山之石和自身实际结合起来，经过长期积累，形成了知识型员工管理的结构化体系：以能力为核心，以任职资格为基础，招录、培养、使用等多个模块相互衔接；以体现公正原则的价值评价为中心，考核激励、职业发展等多个环节联为一体；同时注重企业文化和组织氛围管理，营造员工满意度高的文化环境。

为了改进管理，在过去近 20 年中，华为花费十几亿美元，并认真向西方公司学习管理，开展了 IT 策略与规划（IT S&P）、集成产品开发（IPD）、供应链管理（ISC）、集成财务服务（IFS）和客户关系管理（CRM）等项目，使公司走上成功之路。

年轻人负责大项目

华为 Fellow 孙立新在华为上海研究所 2013 年新员工大会演讲时这样说道："很幸运，我们能在华为这样一个大平台上成长和历练，并且能与那些在外人看来遥不可及、工作了二三十年的高端专家、主管一同共事和协作，这在华为是件再普通不过的事了，同时很多年轻人也在这个平台上得到了很快的发展。

"记得去年参加管理干部培训的时候，见到一位 30 多岁的年轻代表，他负责的办事处所在的国家很不发达，但公司的年销售收入也起码在几亿美元。在一起吃晚餐的时候，他向我们鼓吹说希望大家能有机会去办事处，他可以邀请总理来一起喝酒，第二天酒醒了补充说总理还是要预约的，但副总理肯定可以随时约见。大家想，他这么年轻，如果没有华为平台，怎么可能随时约见副总理。我们部门转到市场部的年轻同事，很多都可以与全球各地运营商 CTO（首席技术官）经常对话。不在华为，不利用华为大平台，能与这些牛人、高官近距离地交流吗？那是绝对不可能，或者说是少之又少的事。所以，在华为的平台上，我们会有很多发挥的余地和机会。这两年招聘，还是会有很多人选择外企（这本身无可厚非），为什么呢？不难理解，因为外企新员工的收入比我们高。是的，收入要高（但现在也不再是这样了），但他们与外企合作关系却是：基本是外企不爱干或边缘的，都由中国人干，这就是一个现实的不平等的合作关系。

"在华为，我们不会排斥外国人，反而是特别尊重他们，因为都是为了统一的业务目标，相互间的关系都是平等的。在这样的环境之中，我们的员工都成长得非常快，在外企的成长速度远远低于我们。

"在华为公司中，个别人因为个人原因，离职去运营商、研究院，只要说是来自华为，基本都不需要面试。这说明什么？说明业界、同行、客户对我们的认可，现在公司也鼓励研发和市场的轮换，这就为我们提供了一个更为广阔的舞台，大家一定要在这个平台上好好地发挥自己的潜力和创造力，在体现个人价值的同时，与公司一同前进。"

牛人聚集

华为除了为员工提供大平台之外，其平台所聚集的牛人，也成为聚集人才的吸金石。

华为公司董事、高级副总裁陈黎芳女士在一次招聘宣讲会上这样说道：

"除了牛人，我们一无所有。除了牛人，我们别无所求。"

加入华为之后，将会跟全世界的牛人一起工作。华为有公司级院士14名，各领域的专家2000名。近3年来，约有700名世界顶尖科学家加入华为。加入华为，不仅是到世界去看一看，还拥有170个国家的朋友圈，与全球的同事和客户一起深度交流、学习分享。

为员工提供的最佳福利，不是请客吃饭和团队活动，而是招募优秀的员工，让他们和最优秀的人一起工作！那些乐于学习、喜欢迎接挑战、对自我要求比较高的人会以身边优秀的人作为尺度，渴望做得更好，所谓见贤思齐。

华为是一个专门等待年轻人的新世界，每年有近8000名优秀学生加入到华为这个年轻的世界。在研发体系，产品线"85后"占总人数47%，"80后"研发专家占七成，"80后"部门经理占六成。

任正非要求华为能够"英雄'倍'出"，对此，他解释说：

有人说"英雄'倍'出"的"倍"写错了，我说英雄"辈"出，华为公司等不及了，"英雄'倍'出"是横着长的，不是一代一代地出，是并行的。

英雄好汉倍出的"倍"字，是任正非专门改的一个字。任正非说，一辈子才出英雄，等不及，熬不起。他说应该是成千、成倍地出英雄好汉。

哪一个人不愿意与聪明人、牛人做同事呢？从环境角度看，你周围的队友水平决定你的成就高低。

下面这一段话说出了很多人的心声："如果你想像雄鹰一样翱翔天空，那你就要和群鹰一起飞翔，而不要与燕为伍；如果你想像野狼一样驰骋大地，那就要和野狼群一起奔跑，而不能与鹿羊同行。正所谓'画眉麻雀不同嗓，金鸡乌鸦不同窝'。这也许就是潜移默化的力量和耳濡目染的作用。如果你想变得聪明，那你就要和聪明的人在一起，你才会更加睿智；如果你想优秀，那你就要和优秀的人在一起，你才会出类拔萃。"

还有一句话——"不怕神一样的对手，就怕猪一样的队友"。比尔·盖茨也曾说过："聪明的人总是愿意与聪明的人共事，这样你可以从每天的研究工作中获益。人们常常能超越自己的工作极限，并不断有所突破。"尽管比尔·盖茨是一位领袖级人物，但过去几十年间还有许多关键性人物为微软的事业贡献了才能。比尔·盖茨把自己的成功很大原因归功于拥有很多同样聪明的同事。从最初一起设计软件并创建公司的保罗·艾伦、管理天才史蒂文·巴尔默，到首创"菜单"模式的查尔斯·西蒙伊，再到让微软完全占领欧洲市场的鲍勃·奥利尔……

第4节　相对公平，人际简单

华为的成功首先在于，将"秀才"造就成具有同一价值观和统一意志的"战士"，同时又避免将"战士"扭曲成"奴才"。

华为是知识与技术密集型企业，17万余员工中，大学本科以上的毕业生占将近96%，博士生1万多人。要把这些"秀才"变成价值观统一、行动一致的"狼性商业战士"很难。

现代企业管理之父彼得·德鲁克认为，对知识劳动者的管理是个头疼的问题。而华为在对知识劳动者管理上摸索出了一套成熟的办法，就是以劳动者为本，多劳多得，凭本事"升官发财"，而不是靠拉山头、搞关系"升官发财"。企业管理最终落实到具体也就几件事，即"分银子、排位子、论功名"，就这三条。20多年来，华为能够发展好，就是在这三条上做得好。

这"三分"建立在什么基础上，那就是多劳者则升官，多劳者则发财。《华为公司基本法》明确表明："华为奉行效率优先，兼顾公平的原则。"

对于一些不公平情况，华为认为绝对的公平是没有的，也是做不到的。华为努力做到的只有相对的公平。是否公平、公正这就要看你如何去衡量，公司的价值评价体系不可能做到绝对公平，但相对的公平是肯定的；如果用"曹冲称象"的方法来进行任职资格评价的话，那肯定是公平的；但如果用精密天平来评价，那肯定公平不了，要想做到绝对公平也是不可能的。

任正非曾这样对新员工说道：

> 您有时会感到公司没有您想象的那样公平。真正绝对的公平是没有的，您不能对这方面期望太高。但在努力者面前，机会总是均等的，只要您不懈地努力，您的主管会了解您的。要承受得起做好事反受委屈，"烧不死的鸟就是凤凰"，这是华为人对待委屈和挫折的态度，也是挑选干部的准则。没有一定的承受能力，今后如何能挑大梁。其实一个人的命运，就掌握在自己手上。生活的评价，是会有误差的，但决不至于黑白颠倒，差之千里。要深信，在华为，是太阳总会升起，哪怕暂时还在地平线下。您有可能不理解公司而暂时离开，我们欢迎您回来。

华为 Fellow 孙立新在华为上海研究所 2013 年新员工大会演讲时这样说道："华为也很简单，人与人之间的关系相对很简单。可能在座之中，会发出不认同的声音，会问每次在绩效评价时，应该就不会像说的那么简单了。我想说的是，参与绩效评价的 PL（项目组长），至少在我看到的范围内，都是相对公平的，起码都是聚焦贡献输出本身的评价。同时我们所说的不简单实际是相对的，相信在某些场景下，人与人之间肯定存在着不简单，完全没有杂念的人际关系是不存在的。这不仅是中国的特色，在全球都是一样的情况。

"2005年，因为业务需要，公司在某个国外大城市招聘了5名外籍专家，当时我们也派了员工与专家一起工作。员工回来跟我们叙述：5个专家，分了3派。我当时开玩笑，就算在中国，5个人最多也就分两派。可见，有人的地方，就会存在着人际关系一说，这也是全球性问题。

"另外，再举个例子：记得去年（2012年）与运营商代表一起参加会议，大冷天，与会的代表全部都站在酒店外迎接领导的到来。这种情况在华为是没有的，老板去哪个研究所、代表处，下了飞机都是自行打车，绝不允许有人来接。"

华为的一位老员工曾经这样说起了自己的公平观：

"有些新员工想得最多的是待遇：同样的工作，甚至是工作量还要大的，同是本科毕业，为什么别人所得的比我的多？不知道这些人是不是更深入一点想过：如果我做这件事，要花多长时间？有没有提高效率的方法？一个问题，我能否一次性解决，节约成本？有没有想过自己在这方面跟别人的差距？如果只有一个涨工资的名额，会不会是我？为什么是/不是我？我有什么优势？还有什么差距？

"退一步说，如果我今天辞职，在这个城市里，我是不是能找一个同等待遇、有良好氛围、能对我的人生有很大帮助的企业？公平是相对的，我们先把工作做好了，再去想其他的吧。当我们做出业绩时，公司自然会回报我们，况且，公司不会让雷锋吃亏。"

华为的轮值CEO制度，也是人际关系简单的一个重要因素。

在任正非看来，西方公司职业经理人制度最大的弊病在于，每次董事会更换CEO，几乎就会引发一批公司骨干的离职，新CEO又会带来新的人才团队，但如果他干不好，同样会有一批优秀骨干跟着离开。"一个公司人才这么流失，业务怎么会做得好呢？"任正非反问，"当你在网上看到一个公司的 CEO 换得很快的时候，就应该抛掉这个公司的股票。"

轮值 CEO 则是一种公司权力的分立制衡。"轮值 CEO 个人不会在干部问题上有大的权力，因为都得集体协商，下面的干部才会感到安全，大家都不走。"任正非解释说，"有的公司为什么会垮掉？他们总是把希望寄托在一个人身上，万一这个人飞机失事了呢？万一这个人生病了呢？风险反而很大。"

延伸阅读

华为：员工的健康与安全

在位列世界 500 强的中国企业中，华为技术有限公司开拓创新 10 多年，业务已经遍及全球 140 多个国家，是贯彻"走出去"战略的典型。在华为，4 万多海外员工为企业做大做强而拼搏，公司也为他们牢牢地撑起健康与安全的"保护伞"。

专机营救 病危员工化险为夷

2012 年 12 月 4 日晚，华为公司安哥拉代表处 28 岁员工王琮感觉身体不适，代表处立即将其送往当地治疗疟疾最好的专科医院接受治疗。被确诊为"脑疟"的王琮肝肾同时衰竭，医院下达了病危通知书。

此时，华为公司员工保障应急小组联系当地多家医院后发现，安哥拉的医疗条件相对落后，而能够满足治疗的医院远在南非的约翰内斯堡。当地距离约翰内斯堡 2500 多公里，飞行航程 3 小时，救援专机一次费用就高达 15 万元。"不惜一切代价，员工的生命第一！"员工保障应急小组果断决定。7

日凌晨，救援专机护送王琮抵达约翰内斯堡的医院，公司员工轮流看护，医生采取最佳方案给予治疗。治疗期间，先后有 20 余名华为及其他中资机构员工义务为其献血，总献血量超过 1 万毫升。

几乎同时，华为公司第一时间协调家属办理签证和机票前往南非。目前，王琮病情基本稳定，已恢复意识，身体各项指征正常。王琮的家属表示，正是华为强大的爱心阵容形成巨大合力，使徘徊在死亡线上的王琮转危为安。

王琮能得到专机救援争取最佳抢救时间，得益于华为公司为员工购买的商业保险中包括美亚保险公司的商务旅行险，该险种涵盖了病情危急关头或其他紧急情况下的专机救援服务。为了让员工获得更充分的保障，华为公司除参与法定社会保险项目以外，还为员工购买了商业保险，包括商业人身意外险、商业寿险、商业重大疾病险、商务旅行险等，让员工得到法定社会保险保障及企业法定义务之外的商业保险的细致保障。

员工为本　一年保障逾 45 亿元

华为公司将员工健康与安全放在首位，于 2008 年成立"员工健康与安全保障委员会"，由公司主要负责人担任"首席健康官"，形成了一整套保障机制。

为解除员工的后顾之忧，华为公司花巨资为全体员工构筑起包括社会保险、商业保险的双重保险保障体系。仅 2011 年，公司为全体员工在保障方面支出 45.34 亿元人民币。

华为公司现有员工 15 万人，其中海外员工 4 万多人，有近 4000 名员工工作在条件艰苦的非洲地区。为了保障这些海外员工的健康与安全，华为公司与美国国际集团的美亚保险和友邦保险等商险机构合作，建立起员工全球紧急医疗救助服务体系。商业保险花费较高，但对员工的保障更为充分。若员工符合美亚保险的"重大疾病险"要求，可在 1 个月内一次性获得 20 万元的赔付；员工如不小心损坏了他人的设施、物品，美亚保险"商务旅行险"会为其作出 80 万元以内的个人第三者责任保险赔付。

为了应对全球 140 多家分支机构可能遇到的突发事件，华为公司还建立了突发事件应急处理的相关流程及常设组织，在突发事件发生后第一时间启动应急措施，最大限度减少突发事件对员工的危害及对业务的影响。公司成立机关、地区部、代表处三级应急保障工作组，机关健康安全工作组为常设机构。突发事件发生时，三级应急保障工作组立即运作，机关应急保障工作组统一协调各方资源，共同制定应急方案。

爱惜员工 福利待遇节节高

华为公司在不断完善制度保障员工健康与安全的同时，还多方面提高海外员工的福利待遇，为其营造良好的工作生活环境。

华为公司一位派驻墨西哥的员工表示，为保障员工安全，华为公司一般都会租用当地"富人区"的房子供员工住宿。为了丰富海外员工的业余生活，公司每年都拨出专款购买电视机、乒乓球台、健身器材、书籍、影碟等配备给海外员工。对于已婚员工，公司还会为其家属提供一年 3 次的往返探亲机票。

华为公司建立了全球行政管理体系，在海外代表处设立食堂、图书馆等。部分偏远地区水质不好、饮水困难，国内机构的驻外代表处就采取购买纯净水的方式解决。10 多年来，只要遇到紧急情况，公司上下都会协同一致，迅速采取一切力所能及的措施保障员工生命和财产安全。

（本文摘编自《华为：为员工撑起健康与安全的"保护伞"》，来源：新华网，2013）

CHAPTER 7

改变命运的方法只有
奋斗和贡献

CHAPTER 7

　　所有人在同一起跑线上、凭自己的实践获得机会。强调后天的进步、有利于员工不断地学习。

——任正非

第 1 节　学历归零：博士当工人

实践改造了人，也造就了一代华为人。您想做专家吗？一律从工人做起，这在公司里已经深入人心。进入公司一周以后，博士、硕士、学士以及在内地取得的地位均消失，一切凭实际才干定位，这已为公司绝大多数人所接受。希望您接受命运的挑战，不屈不挠地前进，不惜碰得头破血流。不经磨难，何以成才？

任正非在《致新员工书》中这样说道。

任正非说到做到，进入华为，学历便自动消失，凭个人的实践去获取机会。这样的人才升级制度也被称作"博士当工人"：

让他们真正理解什么叫商品，从对科研成果负责转变为对产品负责。

任正非的"大孵化培育大市场"策略，使华为每年都要大量地引进新人，特别是自 1996 ～ 1997 年开始，华为招收了大批硕士、博士生，客观上公司一些学历不高的老员工、各级干部隐约地感到一种无形的压力，因此一些学历并不高的干部和老员工，他们中的一些人提出要停薪留职，出国读书深造，包括个别副总裁也如此，有的甚至辞职去国外留学。

华为的一位管理者，女硕士，1996 年前一直任华为宣传部部长，1998 年被提拔为华为执行副总裁，但在 1998 年底她提出离职，要去美国深造，学习企业管理。任正非对她说："你去美国学企业管理，等你学成毕业后，你就跟不上华为公司的发展了。为什么？因为在实践中学到的管理，难道不比书本上学的来得更快、更实际、更加真实有用？"

任正非曾这样说过："知识不等于能力，书读得太多，方法论太多，有时反而会相互抵消，不知道活学活用的话，反而会变得越来越蠢。"

任正非说，华为对外宣传有多少硕士、多少博士，那是在公司规模不大时，一种对外界的宣传造势而已，是拿来唬外面人的，千万不要把自己人也给唬住了。公司不能虚火旺盛，华为进门看学历，是因为不了解情况，总要挑一挑，有学历总比无学历好。但进来以后，不管你是博士也好，大专生也好，都不看，只注重你的实际能力与工作表现。所以任正非劝大家安心留在工作岗位上，在实践中学习提高。

华为的高级副总裁中还有两位学历只是个专科，这充分证明了任正非是一个只看重能力和贡献等实质，而不注重学历等形式的人。

任正非表示：

> 学历不是评价干部选拔的标准，是参考因素。唯学历任职是形而上学的教条主义。我们并不是否定基础训练，而是

（提倡）活学活用。

过去有一段时间，华为招聘曾有片面追求高学历、名牌院校等误区。导致的结果就是人员成本居高不下，人员和岗位不匹配，没有形成合理的人才梯队，员工的期望值偏高，容易造成队伍的不稳定和人员的流失。同时，许多能力突出、有实际工作经验的人希望到华为来工作，但却因为学历等原因被拒之门外。值得庆幸的是，这种招聘标准现已得到了及时纠正。华为实行岗位责任制要的是员工的实际贡献和绩效，而不是学历或其他形而上学的东西。

任正非表示：

> 我们是拥护唯心主义、形而上学还是使用唯物辩证法？
>
> 我认为一个人的文凭如何并不重要，一个人要努力提高自己的基础知识和技能，这很重要。学历高的人，他们曾受到很好的基础训练，容易吸收新的技术与管理。但是有知识的人不一定有很好的技能。我们要以贡献来评价薪酬。如果说这人很有学问，里面装了很多"饺子"，却倒不出来，倒不出来就等于实际上没有"饺子"。企业不是按一个人的知识来确定收入，而是以他拥有的知识的贡献度来确定的。我们强调考核任用一个干部时，不要考虑他的标记，不能按他的知识来评判。我们必须要按承担责任、他的能力、他的贡献等素质来考核干部，不是形而上学，唯学历。特别是对基层干部、基层员工来说，我们有不同的素质模型，我们要在不同的素质模型中去选拔员工，拔高学历就是提高了成本。作为你自己来说，如果一

个本科生上来干得比你好，说明他受的基础训练比你多，你应该努力向他学习；如果一个本科生上来干得不如你好，我认为干部应该考虑让他多干一段时间，让他多学一段时间。

华为一贯不重视学历，是因为高学历不一定代表高素质、高能力。任正非表示："不必处处要求高学历。不合理地使用高学历，就是高成本。"

时光倒流至1999年，任正非与新员工的一段调侃式对话，至今仍耐人寻味。一名新员工说："我刚毕业，我感觉很多优秀的人才都出国了，你怎么看待这件事？"任正非这样回答道："华为公司都是三流人才，我是四流人才。一流人才出国，二流人才进政府机关、跨国企业，三流、四流的人才进华为。只要三流人才团结合作，就会胜过一流人才，不是说三个臭皮匠顶一个诸葛亮吗？"

10多年后的今天，这场"三流人才"与"一流人才"的战争，以令人惊诧的战果印证了任正非当年的预见。

第 2 节　重新做人，做工程商人

爱迪生不是一个纯粹的科学家，他所进行的发明都有很明显的功利目的，但他又不是一个纯粹的商人，他赚钱的目的是为了支撑其发明事业。爱迪生的发明生涯，其实就给了我们很多的启示。

华为要求每一个员工都作为工程商人，站在工程商人的角度从事研发、测试、管理以及销售。

任正非对新员工最想说的是：

> 自我批判、脱胎换骨、重新做人，做个踏踏实实的人。
>
> 校园文化与企业文化是不相同的，校园文化没有明确的商业目的，只是教会你去做人。企业文化有明确的商业目的，一切要以商品的竞争力为中心。所以你们要重新做人，做工程商人。

华为要求"技术市场化，市场技术化"，就是技术的创新要适应市场的变化。对技术公司来说，贴近市场进行研发是必须的，只有这样才能保证研发成果转化成产品，并被广泛采用，从而产生收益。"原来的开发模式是分离的开发模式，就是说我们的技术部门根据技术的发展情况设定技术路标，产品开发部门就根据技术路标去开发产品，再由市场人员提供给客户，进行推广销售。"华为副总裁、首席法务官宋柳平表示，华为深刻地感受到"技术引导"带来的危害性。

对此，任正非提出"从对科研成果负责转变为对产品负责"的口号。他在题为《全心全意对产品负责，全心全意为客户服务》的演讲中解释说：

> "从对科研成果负责转变为对产品负责"这个口号是怎么来的呢？从我们龙岗基地建设中，我们确知外国设计院的设计费虽然很贵，但他们是对工程负责，而我们国内的设计院只对图纸负责。我们公司的研发人员以前正是由于只重视对科研成果负责而缺少对产品负责才造成现在的不少问题，所以我们明确地提出了这个口号。
>
> 后来我们到 IBM 等公司去考察，发现西方公司的产品经理也是深入到产品过程的每个环节中去，也是对产品负责。现在在座所有的人都必须对产品负责，产品犹如你的儿子，你会不会只是关心你儿子的某一方面？你不会吧。一个产品能生存下来，最重要的可能不是它的功能，而只是一个螺丝钉，一根线条，甚至一个电阻。因此，需要你对待产品也像对待你的儿子一样。

IBM 带来的集成产品开发思路，为华为带来了一种跨团队的产品开发和运作模式：市场部、采购部、供应链、研发部、财务部、售后部等在产品立项阶段就开始参与，从而确保产品在最初立项到实现，全过程都是依照客户的需求而产生；与此同时，成本竞争力的考核也贯穿始终，系统地分析通过购买和自主开发两种方式获得的技术对产品竞争力的影响。

没有了市场压力，就没有了华为。任正非希望通过市场压力的传递，使内部机制永远处于激活状态，永远保持灵敏和活跃。任正非将"卖不出去的研发成果"称作"奢侈性浪费"，并警告那些有盲目研发倾向的华为人："研发成果不能转化为商品，那就是失败！"

任正非将闭门造车、自以为是的研发态度归结为"幼稚"，认为这是一种刻意为创新而创新，为标新立异而创新的表现。任正非要求华为全体员工要牢记：

> 我们公司大力倡导创新，创新的目的是什么呢？创新的目的在于确保所创新的产品拥有高技术、高质量、高效率、高效益。从事新产品研发未必就是创新，从事老产品优化未必不能创新，关键在于我们一定要从对科研成果负责转变为对产品负责，要以全心全意对产品负责，实现我们全心全意为顾客服务的华为企业宗旨。

不能任由技术创新脱离市场的缰绳狂奔。华为对研发人员要求："不能只对项目的研发成功负责，要直接对产品的市场成功负责。"无论是产品的核心技术开发还是外观设计，都是如此。华为还从流程运作和考核机制上来保障这种导向。

第3节　一律从基层做起

"从群众中来，到群众中去"是中国共产党的群众路线，因此，每个党员干部都应该深入基层，了解民众的疾苦。党和政府在选拔领导的时候也强调：要优先选拔那些有基层工作经验和管理经验的干部。这个原则被华为很好地借鉴了。

华为选拔中高层干部十分强调其基层经验。身为老党员的任正非说过，华为的领导人必须具备基层工作经验，否则不能当领导。很显然，有基层工作经验和管理经验的干部更了解员工的工作、生活状况以及想法，也更熟悉公司的企业文化。华为这种干部选拔制度，实际上也是对员工的一种激励，即只要在基层认认真真、踏踏实实工作的员工，都有机会晋升为公司的管理层。

所有进入华为公司的人，不管有多高学历、多高资格，都得从工人做起。而来公司后就去当工人，没有任何职务，先从基层做起，先了解华为，了解产品再说，以后也许会有大作为，但这第一步不能少。

华为董事会、监事会成员共18人，除董事长孙亚芳、CEO任正非外，其余16人，仅有1人出生于20世纪50年代，9人出生于20世纪60年代，3人出生于20世纪70年代，3人不详。从他们的经历看，他们无一不来自市场或研发一线，都是从基层做起。

任正非告诫新员工，华为永远不会提拔一个没有基层工作经验的人来做管理者。作为新员工，必须不怕做小角色，才有可能做大角色。实践是提高的基础。

任正非在《致新员工书》中写道：

在华为改变自己命运的方法，只有两个：一是努力奋斗，二是做出良好的贡献。

公司永远不会提拔一个没有基层经验的人做高层管理者。遵循循序渐进的原则，每一个环节对您的人生都有巨大的意义，您要十分认真地去对待现在手中的任何一件工作，十分认真地走好职业生涯的每一个台阶。

有一些华为人对秘书这个基层的岗位比较担心。任正非是这样看待秘书岗位的：

公司 15000 名员工中有 2000 ～ 3000 人从事过秘书岗位，有许多高级干部也出自秘书体系。秘书群体不仅是一个服务主体，同时也是公司责任主体的一部分。对于流程已经十分清晰的系统的例行管理，可以由秘书直接来完成；经理主要管理例外的系统，以及例行管理中一些界限很模糊的、判断不是比较清楚的、决策量比较大的系统。这就是现代管理中经理与秘书相互之间的关系。

秘书是初级的管理人员，并完全有可能从初级管理走向高级管理，这主要在于秘书自身的修炼。什么都管的经理是一个效率不高的秘书，什么决策都不做的秘书很难晋升为经理。秘书是通向经理的第一步台阶。年纪越大，经验越丰富，处理例外问题越熟练，为什么反而被淘汰呢？不应该的。

秘书本身具有管理职能，如果不懂，没有技术就像听天书一样，技术不会白学。秘书可以对例行事件实行管理，不是一个打字员。秘书是走向管理的重要岗位，你们可以充分发挥你的才能，但不一定要跟随技术的进步而进步。

任正非曾这样对新员工说过："我们有个政策是凡是没有基层管理经验，没有当过工人的，没有当过基层秘书和普通业务员的一律不能提拔为干部，哪怕是博士也不能。你的学历再高，如果你没有这些实践经历，公司就会对你'横挑鼻子竖挑眼'，你不可能蒙混过关。"

2000年9月，华为的一位员工，清华大学博士杨玉岗在其文章中这样记述道："记得1998年初刚进华为的时候，公司正提倡'博士下乡，下到生产一线去实习、去锻炼'。实习完之后，领导让我从事电磁元件的工作，当时想不通，有一种不被重用、被埋没的感觉，认为自己是堂堂的电力电子专业博士，理所当然应该干项目，而且应该干大项目，结果却让我干电磁元件这种'小事'，既无成就感，又无发展前途，而且只能用到我所学专业知识很小的一部分，所以不值得为'电磁元件这种小事'付出时间与精力，不值得去坐这种'冷板凳'，当时只是出于服从领导的分配而硬着头皮勉强干上电磁元件这'不起眼'的行当，但是随着后来工作的经历和体验，越干越发现：电磁元件虽小，里面却有大学问。

"就在我从事电磁元件的工作之后不久，公司电源产品不稳定而在市场上出现告急，也造成过系统瘫痪，给公司带来了巨大损失，这就是因为某种电磁元件问题而造成的故障，公司也因此而丢失很大的订单。在如此严峻的形势下，研发部领导把解决该电磁元件问题故障的重任交给了刚进公司不到 3 个月的我。当时我既对公司产品了解不多，又无设计电磁元件的经验，只是凭着工程部领导和同事的支持与帮助，经过多次反复与失败，设计思路才渐渐清晰。

"有一次，电路板联调了几天调不通，心里别提有多沮丧，这时主管李开省过来问我问题出在哪里，我告诉了他，他说：'你先歇一会，让我看看。'过了没多久，老李说问题解决了，原来是一名新员工不小心把一个变压器焊反了。为此，小小的电磁元件问题又因为一个小小的粗心而延误联调进度好几天！

"经过 60 天的日夜奋战，我们硬是把电磁元件这块硬骨头啃下来了，使该电磁元件的市场故障率降为零，而且每年节约成本 110 万元。至今公司所有的电源系统都采用这种电磁元件，时过近两年，再未出现任何故障。

"就是这么一个小小的电磁元件，貌似其小，大家没有去重视，结果我这样起初'气吞山河'似的'英雄'在其面前也屡经受挫、饱受'煎熬'，坐了两个月冷板凳之后，才将这件小事搞透。"

原任职于华为人力资源部培训部的张志学讲了这么一个案例："北京大学一位计算机博士，在联想做了柳总（联想董事局主席柳传志）的秘书，在朋友的劝说下到了深圳华为，他以为去了华为，就能谋到一官半职，但是呢，不幸的是，他到华为去南湖做电焊工，因为这是华为的制度，所有的人都要从最基层开始做。这是他人生最灰暗的时期，太太已经辞去了新华社记者的职务，没想到他来深圳做了电焊工，当时很多人就离开了，但是他坚持下来了。很快他到了总部，从总部很快到了新疆办事处，又很快调到南通办事处。"

"公平竞争，不唯学历，注重实际才干。"华为看重理论，更看重实际工作能力，大量任用高学历人才，也提拔读函大的高中生。任正非在主题为《华为的红旗到底能打多久》的演讲中谈道：

> 坚决反对空洞的理想，做好本职工作，没有基层工作经验不提拔，不唯学历。

当过工人的博士仍然有机会获得与学历匹配的职位，但首先得通过任职资格评价。华为请美国 HAY（Hay Group，合益咨询公司）公司做顾问，通过消化吸收，一点一点改进，形成自己的任职资格评价体系。华为的工资分配也是实行基于能力主义的职能工资制。

在华为真正的专家要源于一线，也要走向一线。

对于专家的培养，过去有一些成见和误解，往往认为总部才是专家的摇篮。理由很简单而且看似合理：总部资源丰富，视野开阔，同时距离研发最近，从而做一线时间过长也成为很多人解释自己技术退化、知识沉淀不足的自然而然的借口。这些认识固然有一定的道理，但是仔细推敲却不见得有其内在的必然性，并且容易让人忽视一线实践对于专家培养的重要性。正如有位客户这样评价一些技术人员：你们有些专家能讲清楚光纤的种类，而讲不清楚光纤的熔接；能讲清楚设备功耗的指标，却无法为我推荐一款可靠的电池；能讲清楚业务发放的流程，却从来没有去过运营商的营业厅。

真正的专家是不能缺少一线经验的，最好的给养其实来源于客户。专家要从一线中来，也要到一线中去，在与客户的碰撞和交融中检查和修正对待专业的标准，避免成为伪专家。

在一次工作汇报会议上，任正非指出华为的研发人员不贴近市场，而不考虑其研发成果是否能得到市场的认可，有闭门造车之嫌。于是他提出了"技术市场化，市场技术化"的口号。任正非在上海电话信息技术和业务管理研讨会上谈道：

> 我们号召英雄好汉到市场前线去，现在一大批博士、硕士涌入市场，3～5 年后会对公司的发展做出推动。现在 C&C08 即使达到国际先进水平，也没什么了不起。因为您的产品是已有的产品，思想上仍是仿造的。唯有思想上的创造，才会有巨大的价值。例如：首先发明光纤通信。为使公司摆脱低层次上的搏杀，唯有从技术创造走向思想创造。杂志、资料不能产生思想创造，只有用户需要才能产生。所以我们动员公司有才干、有能力的英雄豪杰站出来，到市场前线去了解用户的需求。

第 4 节　丢掉速成的幻想

清代作家周容曾碰到过这样一件事：一个冬日，他打算从小港进入蛟州城，叫小书童用木箱装捆书籍随行。时逢日薄西山，傍晚的炊烟雾霭环绕树林，眼看离蛟州城仅约 1 公里路了，便问渡口摆渡的艄公："还能赶上南城门开着吗？"艄公仔细看了看小童，回答得很离奇："缓缓行走的话，城门就还开着，快快前进就关了。"

周容以为艄公开玩笑，疾步前行，没走出一半，小童跌倒，系绳断了，书籍散落一地。等整理好书籍重新上路，前面的城门却已经关上了。

进度是重要的，但如果缺乏良好的计划与准备，一味地追求速度，结果只能是适得其反，达不到预期目标。

任正非在《致新员工书》中这样说道：

世上有许多"欲速则不达"的案例，希望您丢掉速成的幻想，学习日本人踏踏实实、德国人一丝不苟的敬业精神。现实生活中能把某一项业务精通是十分难的，您不必面面俱到地去努力，那样更难。干一行，爱一行，行行出状元。您想提高效益、待遇，只有把精力集中在一个有限的工作面上，不然就很难熟能生巧。您什么都想会、什么都想做，就意味着什么都不精通，做任何一件事对您都是一个学习和提高的机会，都不是多余的，努力钻进去，兴趣自然在。我们要造就一批"业精于勤"、"行成于思"、有真正动手能力和管理能力的干部。机遇偏爱踏踏实实的工作者。

的确，有些新员工心态相对比较浮躁，不愿意做小事，不愿意做重复性的工作，总想一下子干成几件大事。特别是对于短期很难看到显著效果的工作，人们往往会因为心情浮躁而放弃它，甚至开始否定自己。每到这时候，就应该认真思考一下华为"板凳要坐十年冷"的文化和任正非在《致新员工书》中提到的"只有把精力集中在一个有限的工作面上，不然就很难熟能生巧"的观点，任正非的这一席话是要让新员工明白，只有踏踏实实、一步一个脚印，才能达到自己的长远目标。新员工要认真实践华为"干一行，爱一行，专一行"的人力资源评价要求，在实践中逐步成长起来，实现自己的职业发展。

华为人范厚华在海外奋战了 7 年，从一名普通员工成长为拉美片区的副总裁。范厚华之所以成长得这么快，他讲述了这样的经验：

"一个人的成功简单来说有三个方面：第一是每个人都应该具备相应的知识。第二是你怎么把这些知识用好，怎么样培养你的技能。第三是积极的心态，就是你做事、做人的态度，即你的阳光的心智决定你是否能够成功。每个人看似没有差异，但是人们对于事情专注的控制力是不同的，能够专注，控制自己内心的杂念的人，他成功的机会就很大。

"一天 24 小时，如果你每个时间段都很专注，在工作的时间没有去聊天，工作的时候没有去谈娱乐，一直这样去做，最终的成就在两三年就会和别人拉开。人和人之间没有多少区别，区别就在于细微的动作和长期保持这种动作，执着并形成工作和生活的习惯。"

有这么一个案例：

在山东有一个蕨菜生产基地，向日本出口蕨菜成了那个地区唯一的经济来源。日本人要求把蕨菜放在太阳底下晒干了以后打包运到日本去。由于放在太阳下面晒干需要两天时间，很多老百姓等不及，就把蕨菜收回家以后开始用锅烘烤。烘烤以后，表面上是干的，但是日本人发现用水泡不开。日本人就警告这个地区的人，千万不要用锅烘烤，一定要放在太阳底下晒。大部分老百姓遵守了这个游戏规则，放在太阳底下晒。但仍然有几家把蕨菜偷偷放在锅里烘烤，日本人发现以后，在一天之内断绝了跟这个地区的全部蕨菜交易。这个地区一夜之间失去了所有的经济来源。游戏规则并不是说有大部分人遵守就能够维持下去的，一定要所有人都遵守，游戏规则才能成立。有一个人违反，就破坏了所有的游戏规则。现在，老百姓依然在贫困中挣扎，因为他们的蕨菜卖不出去了，日本人下决心绝不到这个地区收购任何蕨菜。

你可以想象，当一个人、一个地区只顾眼前利益的时候，它将最终导致人生和事业的失败。但是我们中间的很多人实际上正在这么做，自己却没有意识到，直到最后失败了，才回过头来找原因，而且通常是从别人身上找原因，能够从自己身上找原因的人很少。

第 5 节　劳动的准备成本应自己来支付

华为公司在管理方面与国际存在差距，那能不能送员工到国外学习？任正非表示：

> 员工要到国外学习就是辞职，学成再回来，再次考核上岗。这是个相互选择的结果。而且我们劳动力是市场化的，你到公司应聘，水平高我们就讨论给你多一点钱，但劳动的准备成本应由你自己支付。

华为有这样一个观念：知识是劳动的准备过程，劳动的准备过程是员工的投资行为。任正非曾在华为后备干部总队例会上这样讲道：

> 我们现在培训员工的方法，是巴不得全体员工都当总统。这么全面性的发展，不管员工是花草还是树木都浇水，一盆盆往上浇，很高的成本浇出去了，可有几个优秀的人是浇出来的。我的主张是，知识要员工自己去想办法解决，知识是劳动的准备过程，劳动的准备过程是员工自己的事情，是员工的投

资行为。我们要改变培训、培养的观点，不要随便用培养这个字眼，自我学习是员工的责任。员工视野不宽阔不是我们的责任，视野怎么去培养？我们不能承担无限责任。我们是选拔者，我们只有选拔责任，不承担培养责任，不要把责任都揽在自己身上。

自身要有渴望成长的动力。任正非表示："自身想当将军，你就会渴望搞清楚飞机、大炮、坦克、枪，如果这辈子只想当士兵，那就何必要去了解大炮，只要懂得枪就可以了。一方面相互交流，相互促进。另一方面，个人要有进步的渴望，个人如果没有渴望进步的压力和动力，任何的支撑和平台都是没有用的。"

华为成立了华为大学来对华为的干部进行培养。华为大学是一种以自学为主的教育引导体系。它主要是通过引导干部员工不断进步，严格要求自己、约束自己，使自己向着目标逐步迈进。

事实上，培训都要靠自我培训，灌输性培训不是长久之计。最优秀、最杰出的人都是靠自我培训出来的。成功者都主要靠自己努力学习，成为有效的学习者，而不是被动的被灌输者，要不断刻苦学习提高自己的水平。事实上，每个岗位天天都在接受培训，培训无处不在、无时不有。

第 **8** 章

晋升要靠劳动态度

CHAPTER 8

　　干部的晋升要靠劳动态度，劳动态度是一票否决制，你劳动态度不行，能力再强也上不去。

　　华为每年年末，都会发一张劳动态度评价表，表上大概有几十个问题，都是非常详细琐碎的，比如"你有没有拿公司的纸回家"或"上班时间有没有打过私人电话"。这是一般员工的评价表，对管理层的要求更加严格，比如会有"能不能为了公司的整体利益牺牲个人利益"这种问题。

　　这张表每个人自己填，没有人会督查你是不是填了真实答案，目的主要是让大家在填写的过程中自我检查。这其实是在潜移默化地不断传递信息、强化观念，让公司统一的文化和价值观深入人心的过程。

第 1 节　第一次就把事情做对

"第一次就把事情做到位"之前，我们必须先谈一下与之相近的另外一个概念——"第一次就把事情做对（DIRTFT 理论）"。

DIRTFT 是"Do It Right The First Time"的简称，中文意思是：第一次就把事情做对。这个概念提出者菲利浦·克劳士比，是世界上最具个人魅力的、最具传奇色彩的、最有企业家精神的管理大师之一。他在 20 世纪 60 年代，率先提出"第一次就把事情做对"的理念，并在美国掀起了一个自上而下的"零缺陷"运动时代。

克劳士比是这样来理解"零缺陷"观念的："零缺陷就是第一次就把事情做对。"他进一步解释道："由于日常生活经验所限，人们已接受了这样一个事实：人非圣贤，孰能无过？在企业里，人们会说：人就是人，是人就会犯错，有人参加的事就不可能完美无缺。于是，在执行标准时，人们会人为设定一个'出错率'指数，并允许在此范围内出错。这样，所有的人都会认为作为正常的人类，应该要犯上一个错误。然而，现实的问题令人开始思考：是否人都有一个既定的犯错率？是否在人们所做的每一件事中，都允许有一定的犯错率？事实不是。即使工作中会允许有 5% 的时间出错，银行会允许有 5% 的时间不还贷吗？人们会允许有 5% 的时间回家时走错家门吗？当然不会！这说明，在一些事情上，人们愿意接受不完美的情况；而在另一些事情上，人们就希望缺陷数是零了。"

为了使他的阐述更为接近实施的方案，克劳士比又进一步分析了造成错误的原因："错误一般由两个因素造成，一是缺乏知识，二是漫不经心。知识可以通过一些可靠而真实的方法来获得和被测定，从而使缺陷被改正；而漫不经心就得靠人自身来修正，靠人们对自身的道德和价值观进行重新的确认。漫不经心只是一个人的态度问题。一个人如果掌握了可靠而真实的方法，又能关注每一个细节，极其小心地避免不犯错的话，他就可以在实现'零缺陷'的道路上迈出巨大的一步。"

克劳士比说："在制造业，典型的不符合要求的代价占销售额的 20% ~ 25%；在服务及行政组织中，不符合要求的代价则平均达到运营费用的 30% ~ 40%。举例来说，一家公司赚回 100 万美元，典型的情况是，它要因为不符合要求而浪费掉 30 万~ 35 万美元。

通过预防缺陷可以让你致富。如果我们在工作上也逐渐强化预防的意识、掌握预防的知识和手段、改变有意或无意的漫不经心的态度，那我们就向职业化又迈进了一步。第一次就把事情做好，而不要去救火，事情只做一次是最便宜的。质量能够用金钱来衡量，克劳士比帮我们算过账，如果把做错及重做事情的费用加起来，它超过了总收入的 20%，甚至还要多得多。

2000 年，任正非在中研部将呆死料作为奖金、奖品发给研发骨干大会上这样说道：

今天研发系统召开几千人大会，将这些年由于工作不认真、BOM（Bill Of Materials，物料清单）填写不清、测试不严格、盲目创新造成的大量废料作为奖品发给研发系统的几百名骨干，让他们牢记。之所以搞得这么隆重，是为了使大家刻骨铭记，一代一代传下去。为造就下一代的领导人，进行一次很好的洗礼。我建议"得奖者"，将这些废品抱回家去，与亲人共享。今天是废品，它洗刷过我们的心灵，明天就会成为优秀的成果，作为奖品奉献给亲人。牢记这一教训，我们将享用永远。

华为首席管理科学家黄卫伟曾这样说道："对企业家或经理人来说，什么是最重要的事情呢？据我对华为公司任总的观察，他最关注的是 3 件事：方向、节奏和用人。上述 3 件事情，每一件都关系到企业发展的全局。要处理好这 3 件事，关键在于不着急。重要决策失误的损失是无法弥补的，所以只有不着急才能来来回回想清楚，一次把事情做好。

"比如企业的新产品开发，为什么有那么多新产品商业上不成功？为什么上市时机一再延误？为什么开发过程中有那么多返工、修改需求、工程更改？一个重要原因就是我们在定义客户需求和定义产品规格时过于急躁。现在许多企业都在推行 IPD（集成产品开发），但凡推行 IPD 的企业无不听到研发人员抱怨走 IPD 流程太慢，其实这是没有领会 IPD 的精髓。那么什么是 IPD 的精髓呢？就是从关注紧急的事到关注重要的事。什么是重要的事呢？就是识别顾客的真正需求，并把它转化为产品的规格。做重要的事一定不能着急，这就是 IPD 为什么在概念阶段和计划阶段设置了许多模板、流程推进得很慢的道理。西方公司的咨询顾问说得好，中国人有的是时间返工，却没有时间一次把事情做对。可见我们是颠倒了重要和紧急的关系。"

质量的要求是一次把事情做对，一次做对才有最大的效益和最好的质量。

海尔集团总裁张瑞敏用中国人自己的话进一步阐明：质量问题不能是"亡羊补牢"，而要"未雨绸缪"。

生活中，我们锻炼身体是预防，到医院看病吃药是救火！一篇化学论文被媒体误传（三氯生可能会致癌），企业没有及时反应，导致牙膏撤柜的风波；越来越多的人选择预防糖尿病等等，很多事情已经说明了预防的成本远远低于救治的成本。

然而在工作上，我们是否曾因漠视风险，而最终导致风险变成问题后又再去救火？有多少时候，提前培训或沟通澄清就可以避免一个星期甚至一个月的版本推迟发布？有多少时候，我们懊悔地说"要是提前……就好了"？

在我们的生活中这样的例子很多。例如：往垃圾桶里扔一支棉签，想少走两步路，结果没有命中，只好弯腰捡起来再扔，做重复劳动。

第一次就把事情做对、做好、做到位，是一个良好的习惯。它会节省我们很多的人力、物力、财力，使我们少走很多弯路。在执行工作时，我们第一次哪怕多花点时间、多用些精力，也要把事情执行到位，一定要坚决避免一切无谓的从头再来！要提高执行的效率，最重要的一个方法就是"第一次就把工作执行到位"。

任正非认为，企业是个整体，但整体是由局部组成的，从采购到营销再到服务等，每个环节都不能少，而每个环节都需要有一批人脚踏实地地去做，只有每个人都把自己的事情做好，整个企业才能正常运作。

下面是一位华为人的经验教训：

那是 1998 年夏天的一个晚上，我刚刚处理完一个设计任务，提交投板，准备休息，这时正在加班的工艺审查人员发现了一个问题，是我较早提交的一个归档设计中使用的一个电感封装不符合标准，焊盘尺寸有少许误差，要求我修改设计，那就是 TAXX 板。当时心中有点不以为然，觉得这少许误差根本不会影响生产；另一个私心是，觉得这个 PCB（印刷电路板）不是我设计的，我不过是帮别人把设计好的板归档而已，多一事不如少一事，心里不愿意修改，但也不便拒绝工艺人员的要求，只是勉强接受。于是，匆匆地从库中调出新的封装，替换、连线、调整、光绘，20 分钟，一气呵成，轻松搞定，还能赶上回家的班车，我不禁有些得意。接下来的流程匆匆而过，我也渐渐地忘了这个设计。直到 1 个月后，中试人员紧张地找到我，说："出问题了，归档板少了一根连线，还要再改一版。""不会吧？"我还有些不信，可打开设计文件一查，心情突然沉了下去，发现当初做电感替换的时候，移动了相邻的一个电阻，事后竟然没有把线连回去，又一个致命的"低级错误"！我简直不敢相信，作为一个平时自诩为高手的老员工，这种致命的错误是不能被原谅的，难道真的是"瓦罐不离井上破"？

"那些板会不会报废？"我惴惴地问。

"我们已经做了飞线处理。"他无奈地回答。

"总算没有废掉！"就像溺水者抓住一根稻草，我安慰自己，这可是十几万元哪！

然而，仿佛冥冥之中有只无形的大手，在时隔 1 年之后，仍然将我揪了出来，要对我 1 年前的错误做最后的清算。原来，我漏掉的那根线是一根电源反馈线，飞线越过板上的其他信号线，产品的噪声正是由它的交叉干扰所引起，那 300 块板终究逃不过用户的终审判决！

就像将要愈合的伤口又被猛地撕开，悔恨已不足以形容那时的心情，如果那天晚上细心一些，如果当时心态好一些，如果对改动的地方多看一眼……在难以计算的损失面前，这些"如果"是多么苍白无助，在炙热的阳光下，我的心情降到了冰点。

记得当时在从深圳龙岗回科技园的班车上，同事小韩安慰我说，飞线最初被证明是有效的，那么多审查、测试环节都没有发现问题，这也不能全怪你。可是，作为一个专业设计人员，犯了如此低级的错误，给公司造成了如此巨大的损失，任何辩解都是徒劳的。在被用户抛弃的事实面前，我才真正意识到"产品和市场"的分量，也意识到一个设计师肩负的责任，可是付出的代价已经太大，无疑，这件事说明我有愧于一个职业工程师的称号。做事凭自己的好恶，过于相信自己的经验和感觉，内心深处不时流露躁动，"多一事不如少一事"的危险心态，特别是对产品的漫不经心都说明我的职业素养远远没有达到公司的要求。

中国有句古话叫作"行百里者半九十"，虽然很接近成功，哪怕只差一点点，但它仍不能算是成功。很多事情，我们差的只是最后一小步，而这看似短短的一小步，却让我们跟成功擦肩而过。

我们可以得出的启示就是，在执行任务的时候要争取一步到位，一鼓作气做到底。

我们都还记得这样一幅漫画：一个人扛着铁锹，到处打井找水。在他的背后，是已经打过的几口井，可是都还没等找到水就放弃了，有的井，离水也不过就是薄薄的一层了。如果他在第一口井一直挖下去，很快就可以找到水，遗憾的是他放弃了。

我们在平常做事情的时候也往往这样，一件事情，做着做着，累了，没有看到成果，于是放弃了，半途而废，不但之前的努力付之东流，而且快要到手的胜利也化为泡影。

第一次没做到位，在下一次可以接着做，但是这样既浪费时间又浪费精力。如果没有及时发现错误，就会给自己和他人都造成巨大损失。

要想执行到位，由"做事"转变为"做成事"，需要用认真的态度去做每一件事情，去执行每一项任务。认真负责是能够执行到位的另一条准则，也只有认真负责，才能把工作真正执行到位，因为在执行的过程中，容不得我们有半点马虎和不负责任。

第2节　执行力体现的是一种态度

给你一支笔、一张纸，让你画一个圆，你能画多圆？

再给你一块橡皮，让你修改，你能改到自己满意吗？

在新员工文化培训课上，华为的老师给学员布置一项任务，每人画一个直径为2厘米的圆，看谁画得又圆速度又快。指令发出后，很快有人举手，示意自己画完了。紧接着，陆陆续续，所有人都放下了手中的笔。

当这位老师拿着那些被画得像土豆形状的圆问大家："你们对自己画的圆满意吗？"

学员异口同声地回答："不满意。"

这位老师接着又问："既然连自己都不满意，那你们为什么停下来，宣布自己完成了任务？"

学员无言以对。

其实，我们很多时候都是这样，面对自己承担的任务，为了赶时间、抢速度，急于求成，草草完工，尽管结果并不如人意，却依然听之任之，交差了事，对自己说"差不多就行了""就这样吧""可以了"。然而，就是这可怕的"差不多就行了"的思想，不知给我们的产品埋下了多少隐患，也不知给我们的人生酿造了多少祸根！仔细想一想，我们就不难发现，工作中那一行行被质疑的程序，那一次次被退回的报告，那一遍遍被返工的设计……有哪一次不是"差不多就行了"的思想在作怪？

如果华为创业之初就抱定这样一种"差不多就行了"的信念，满足于取得的点滴成绩，会有今天这样大规模的发展吗？如果华为人躺在昨天的功劳簿上对自己说"差不多了""可以了""就这样吧"，那么，还会有明天的华为吗？

我们处在快速变化的时代，业界竞争日趋白热化，IT 每 49 天就刷新一次，我们"没有喘气的机会，哪怕只落后一点点，就意味着逐渐死亡"，"活下去，是企业的硬道理"，我们只有永不停息，不断创新，不断改进，不断提升企业的核心竞争力，才能在技术日新月异、竞争日趋激烈的社会中生存下去。

培训中的画圆游戏做了一期又一期，相同的问题在不同学员身上重复暴露了一遍又一遍。其实，做每一件事情都像画圆，但是标准圆只有一个，我们永远不可能做到，我们唯一能做的是使圆不断趋于完美，不断接近于标准圆。画圆永无止境，人生的奋斗永无止境，企业的发展永无止境，每个人品格的修炼和能力的培养永无止境，做每一件事都是永无止境。无论做什么事，我们都不可能一步到位，但只要我们摒弃"差不多就行了"的念头，永不满足于现状，不断总结，不断反省，不断创新，不断改进，一丝不苟，精益求精，就可以达到日臻完善的效果，就可以赢得生存的空间。

看到这里，你也许会问：怎么样才能解决人们在画圆中所暴露出的问题？

古希腊哲学家亚里士多德说得好："人的行为总是一再重复，因此卓越不是单一的举动，而是习惯。"这就是说，我们只有摆脱那种心浮气躁、急于求成、得过且过的不良习惯，逐渐养成踏踏实实、认认真真、一丝不苟、精益求精的好习惯，才能成就卓越。因此我想，画圆游戏所带给我们的启示，不仅在于你是否画出了标准圆，而且也在于你是否养成了踏踏实实做人、认认真真做事的习惯，以及你是否具有永不满足于现状、不断改进的思想和行动。

"差不多"先生现在广泛存在于我们的社会之中。环顾我们周围，大而化之、马马虎虎的毛病随处可见，"差不多"先生比比皆是，"好像""几乎""将近""大约""大致""大概""应该""可能"，成了"差不多"先生的常用词。就在这些词语一再被使用的同时，许多重大决策都停留在了纸上，许多重点工作都落实在了表面上，许多宏伟的目标都成了海市蜃楼。

上海地铁1号线是德国人设计的，之后，中国人自己又设计了地铁2号线。虽然看上去两者区别不大，但2号线的运营成本远远高出1号线。其主要原因，就是因为地铁2号线的设计与施工人员对执行的偏差缺乏敏感性。例如，1号线每个出口都有个"弯"，看起来，它似乎给人出入带来麻烦，而且还会增加施工成本，于是我们的中国设计者就把"弯"删去了。后来人们发现，这个"弯"能使进出风量减少，自然也就大大地减少了空调费用，地铁运营成本也降低了很多。

华为的一位员工2007年底离开一家国企项目管理岗位，入职华为能基产品线研发岗位。现在从事的架构与设计工作是一个需要从全局考虑，需要很强的策略执行的职业。做了这份工作以后，他发现任何事情，目标并不是最重要的，而执行过程的质量和节奏才是最重要的。水到渠成，就是这个道理。

很多人对执行力有误解和曲解。他们认为执行力就是工作，可是执行力通常也包含着工作态度、能力以及办事的结果。执行力实际上就是竞争力的一种表现，高效的执行力往往决定了更强的竞争力。

如果一个人能够以更少的时间、更低的成本、更高的业绩来完成某项工作，他所展示出的个人能力肯定比那些仅仅被动完成工作任务的人更高。此外，很多人的执行能力不强，体现在工作中就是欠缺责任心。

执行力体现的是一种工作态度，需要我们保持激情、动力。责任感不强的人难以认真对待自己的工作，也根本不可能尽力将工作做到出色，总是想着"既然上级没要求更多，那么我把工作做了就行"。而富有责任心的人，常常会在工作中投入更多的精力，他们不仅要做完工作，还要尽量在工作中创造最大的价值。

第3节　大机会时代，认真做好简单事

任正非反复强调"在大机会时代，千万不要有机会主义"，华为要有战略耐性。他认为，华为一定要坚持自己的战略，坚持自己的价值观，坚持自己已经明晰的道路与方法，稳步地前进。

"什么成就了华为？"这个问题固然可以有多种解读，但是最根本的一条是华为坚持了20多年技术创新不动摇，正如任正非所说，抵住了各种机会主义和诱惑，持续坚持技术投入，终于成为世界上前两名的通信技术厂商，把竞争对手远远抛在身后。

在长达20多年时间里，华为持续的巨大研发投入和华为人的刻苦努力，才使得华为取得在国际上受人尊重的地位。"在大机会时代，千万不要有机会主义。"任正非认为，最重要的是要认真做好简单之事。

1998年3月，华为出于战略发展的考虑，停止了110产品的开发和销售。开发部的员工纷纷流向其他部门，没有几个人愿意留下来陪着这些没有前途的产品。当时，110产品还有许多遗留问题没有解决，用户意见非常大。华为员工陈俊杰当时正负责开发后期的测试和工程文档工作，看着自己曾经开发、测试、安装过的产品就这么结束了，他心里很不是滋味，他默默地留了下来。2年后，从前离开的开发部同事们个

个春风得意，在不同岗位上干出了非凡的成绩，而陈俊杰仍然留在维护事业部围着"老掉牙"的产品转。但是，每当他看到 110 产品经过自己与同事们的优化，已经很稳定地运行在网络上，为全国各地的公安机关服务，为社会治安发挥作用时，他心里就非常自豪。广西一位公安局通信科长曾经在电话中对陈俊杰说："陈工，你的水平我很欣赏，有空来广西出差的时候，一定来我这里做客！"

华为有大量如陈俊杰这样在平凡的岗位上默默奉献的员工。认真地做好自己的工作，这正是任正非所提倡的。

任正非认为，不要因为事小就不认真，不要因为任务简单就马虎了事。不要过分高估自己，也不要低估做事的重要性。与其浑浑噩噩、胡思乱想，浪费生命与时间，不如认真地对待眼前的每一件琐事，做好每一件小事。

做任何事情都是这样，不怕你专心，就怕你分心。纵使你有三头六臂，也很难面面俱到，与其羡慕别人的成功，想东想西，还不如集中精力，认真做好眼前的事情。

海尔总裁张瑞敏在比较中日两个民族的认真精神时曾说："如果让一个日本人每天擦桌子 6 次，日本人会不折不扣地执行，每天都会坚持擦 6 次。可是如果让一个中国人去做，那么他在第一天可能擦 6 次，第二天可能擦 6 次，但到了第三天，可能就会擦 5 次、4 次、3 次，到后来，就不了了之。"

把大家公认的非常容易的事认真地做好，就很不容易。重复简单的程序，是产品质量和信誉的基础。关键是如何把一件简单的事情重复千万遍做好。在大规模的工业生产中，企业每天有数万件产品从流水线上下来，数百万个零件按程序生产和组装，其中大量工作是简单的重复性工作。任何一个环节的缺陷，都会造成产品的缺陷。要杜绝缺陷，就必须把每一件简单的事情做好。

面对同样的工作任务，一比较就会发现，是否认真执行，效果真是天壤之别。

一个优秀的员工必须有强烈的执行意识。如果下属不能认真执行上司的命令，那么在达成共同目标时，则可能产生障碍，反之，则能发挥出超强的执行能力，使团队胜人一筹。

员工缺乏认真执行的精神，将会直接导致在贯彻企业经营理念、实现经营目标上大打折扣，更重要的是削弱了管理者、员工的斗志，破坏了工作氛围，影响了企业的整体利益。长此以往，它将会断送企业的前程。

做任何工作都要讲究结果，执行不到位是得不到好的结果的。主管下达任务的目标只有一个，就是结果。因此，复命也只有一个指向，就是对任务不能敷衍，认真去办，不能打折扣。

夜晚，有一个人在房间里四处搜寻着什么东西。另一个人问道："你在找什么呢？""我丢了一枚金币。"他回答。"你把它丢在房屋的中间，还是墙边？"另一个人问。"都不是，我把它丢在了房屋外面的草地上。"他又回答道。"那你为什么不到外面去找呢？""因为那草地上没有灯光。"

也许你觉得这个人的思考逻辑很可笑。然而，我们经常会看到这样的事：有些人不是在认真工作中寻求公司的重用，而是完全寄希望于投机取巧，有些人则是以应付的态度对待工作，却希望得到领导的赏识，得不到就埋怨领导不能慧眼识英雄，或慨叹命运之不公。他们和那个在房间里找丢失在屋外的金币的人犯了同样的错误，那就是在错误的地方寻找他们所要的东西。

一位华为人在来到深圳西乡真正融入产品之前，并不足够认真和谨慎，曾经因为自己审核 PCB 归档文件的漫不经心付出了沉重的代价。事实上同样的审核 PCB 改板归档文件的工作，他至少又做过 3 次，即使是在增加了总体组会签审核的程序的前提下，他总是拿着上一版本的 PCB 归档文件的复印胶片，比照着新版的文件一条一条线地毯轰炸式地查过去，再也没有出过丝毫的差错。当他编写相关产品的技术资料，给用服（用户服务的简称）人员准备培训讲义，给市场营销人员提供技术支持，甚至到市场上走一走，了解华为产品的运行情况并给当地用服人员讲解设备使用的注意事项时，这位员工也尽量地以此提醒自己。他把这较真的好习惯带到自己所管辖产品的维护上去，也取得了很好的效果。

第4节　尽职尽责地工作

一般公司考核用"德才模型"提拔干部：德才兼备，以德为先。其实更有效的方法是绩效为先，再看德才。华为的沙盘模拟课就是以业绩为先的。华为的升职三要素用的是"绩德才模型"：年度考核业绩排在前25%，你才能进入干部后备队，否则你连被选拔的资格也没有；业绩过关了但考核立场态度时发现你和公司文化唱反调，则直接拿下；两关都过了才按照能力大小聘任合适位置，能力只排第三。

在职务晋升上，任正非提出"要让最有责任心的人担任最重要的职务"。这里所说的"责任心"，不是传统意义上的对领导个人负责，而是对事物、对工作结果的负责，并以绩效目标的改进作为晋升的主要依据。

任正非表示：

当我们任劳任怨、尽心尽责地完成本职工作时，我们就是英雄。当我们思想上艰苦奋斗，不断地否定过去，当我们不怕困难，越挫越勇，就是真正的英雄。我们要将这些良好的品德保持下去，改正错误，摒弃旧习，做一个无名英雄。

一位哲学家曾这样说过："如果有事情必须去做，那就全身心投入去做吧！"一个人无论从事何种职业，身居何种地位，都应该尽职尽责，全心全意地把工作做好，这不仅是工作的原则，也是人生的原则。不管工作多么枯燥简单，都不要敷衍应付，因为一时的疏忽就可能带来巨大的损失，这也会给自己的职业生涯画上黑色的一笔。

在一所大医院的手术室里，一位年轻护士第一次担任责任护士。"大夫，你取出了 11 块纱布，"她对外科大夫说，"我们用了 12 块。"

"我已经都取出来了，"医生断言道，"我们现在就开始缝合伤口。"

"不行。"护士抗议说，"我们用了 12 块。"

"出了问题由我负责！"外科大夫严厉地说，"缝合。"

"你不能这样做！"护士激烈地喊道，"你要为病人负责！"

大夫微微一笑，举起他的手让护士看了看第 12 块纱布：

"你是一位合格的护士。"他说道。他在考验这名护士是否有责任感，而她具备了这一点。

美国著名心理学家艾尔森，曾对世界各领域的 100 名杰出人士做了研究，结果发现，60％以上取得成就的人所从事的职业，都不是他们最喜欢的，也不是他们心目中最理想的。但为什么他们能够取得成功呢？

也许，我们能从艾尔森博士讲的一个故事中找到答案。

苏珊出生在中国台北，从小爱好音乐，她的理想就是能够在音乐界发展。

然而，阴差阳错，她大学读的是工商管理系，毕业后又被保送到美国麻省理工学院攻读 MBA 学位，拿到了经济管理专业的博士学位。

毕业后，她到了美国一家证券公司上班。如今，苏珊在业界已经成为风云人物。但她依然心存遗憾，说："至今，我仍说不上喜欢自己所从事的工作，如果能够重新选择，我会毫不犹豫地选择音乐。但那只是一个梦想，我现在能做的，只有把手头的工作做好。"

艾尔森博士问她："你喜欢的是音乐，为何你经济管理方面学得那么棒？不喜欢眼下的工作，为何你能做得那么成功？"

苏珊回答说："因为我在这个位置上，我必须认真对待，对它尽职尽责。那是对工作负责，也是对自己负责。"

艾尔森博士并不只是对苏珊做了个案调查，他还走访了很多在某些领域的杰出人士，他们的回答与苏珊大致相同：目前的工作，并非是自己的兴趣所在，而自己又无法改变这些。但心中的责任感，使他们最终没有抱怨、消极、懈怠。

的确，兴趣重要，责任更重要。

对于尽职尽责，美国前总统麦金莱曾说过："比其他事情更重要的是，你们需要尽职尽责地把一件事情做得尽可能完美。与其他有能力做这件事的人相比，如果你能做得更好，那么，你就永远不会失业。"的确，在世界市场的竞争中，以追求完美著称的德国人正是一部活教材。日耳曼民族素以近乎呆板的严谨、认真闻名。所以当你面对奔驰和宝马汽车时，你一定会感受到德国工业品那种特殊的技术美感——从高贵的外观到性能良好的发动机，几乎每一个无可挑剔的细节都深深地体现出德国人对完美产品的无限追求。由于高品质，德国货在国际上几乎成为"精良"的代名词，正是日耳曼民族独步天下的严谨与认真造就了德国货卓著的口碑。

华为人李攀在市场一线工作，一般标书都很厚，少则几百页，多则上千页，评标客户在查找关键信息时非常困难。于是李攀站在客户角度固化更为直观的集成报价模板，使客户一目了然，使小标书派上了大用场。对于每一次投标书的技术环节，李攀都严格把关，每一个细节都不会错过，万无一失后才会拿去招标现场。对于合作伙伴总代理的材料，他也会严格审查，即使是格式、外观上有问题都会要求重写，确保输出的材料在客户面前完美地呈现。每一次去客户现场测试之前，他都会先在内部测试一遍，确保产品在每一个关键时刻都能"零瑕疵"。他说："我们在这个领域还是新人，只有表现完美才有可能进入客户的视线。"

M 省电力行政高清视频会议系统项目一举树立了华为 UC&C 产品在 M 省电力行业的品牌形象。"以客户为中心"绝非停留在嘴上，李攀他们用近乎完美的表现与行动，证明了自己。

第5节　将工作标准定高一点

不少企业不断喊出这样一个催人奋进的口号："没有最好，只有更好。"原因是，我们无论做什么事情都是没有最好的客观标准，关键是能否精益求精，唯有一次比一次完成得更好，才能显现出我们正在取得持续的进步。

全体员工中，合格的华为人占多少？任正非在回答新员工提问时这样说道：

不同时期有不同标准，华为人的标准是在不断地提高的。按最高标准，合格的人较少；按最低标准，基本上都合格。我们应不断努力提升自己的标准，按高标准要求自己。

我们华为公司是一个随时都会崩塌的危险的公司。危机是什么？危机就是我们还不知道危机在什么地方，或者我们感觉不到危机。如果知道危机是什么，华为就没有危机了，就稳操胜券了。

我们要胜利、要成功，就要不断提高合格员工的标准。如果我们合格的员工数量很多，那么一旦发现公司出现危机，挽救措施有力也能避免危险。如果每一位员工都担负起重任，华为公司就一定很有希望。现在信息技术的刷新周期越来越短，一旦出现方向性错误是十分危险的。但危险总是不可避免的，一个公司不可能是常胜将军。出现危险时，内部队伍不乱，员工训练有素，公司还能像 18 世纪的战争那样，吹着号、打着鼓……冲锋，我们就少了一分危险。

曾任中国外交学院副院长的任小萍说，在她的职业生涯中，每一步都是组织上安排的，自己并没有什么自主权。但在每一个岗位上，她都有自己的选择，那就是要比别人做得更好。实际上，我们完全可以做得更好。只要我们将自己的工作标准定得高一点，往往就会做得更好。

是什么造就了德国人的严谨与认真，并进而在国际上赢得如此高的声誉的呢？

答案是对工作的责任感。德国货之所以精良，是因为德国人不仅仅追求经济效益，而是用一种责任心来看待自己的工作，并把这种责任心完全融入产品的生产过程中。

对于德国人这种严谨、认真的态度，国内某房地产公司的老总曾回忆道："1987 年，一个与我们公司合作的德国公司的工程师，为了拍项目的全景，本来在楼上就可以拍到，但他硬是徒步走了两公里爬到一座山上，连周围的景观都拍得很到位。当时我问他为什么要这么做，他只回答了一句：'回去董事会成员会向我提问，我要把这整个项目的情况告诉他们才算完成任务，不然就是工作没做到位。'"

这位德国工程师的个人信条就是："我要做的事情，不会让任何人操心。任何事情，只有做到 100 分才是合格，99 分都是不合格。"

华为Fellow吕劲松，一位土生土长的本土专家，人称"老吕"。

2006年，市场前方不断呼唤性价比更高的载频产品，公司于是启动了新载频模块的开发，老吕担任项目的系统设计负责人。项目目标是性能第一、成本减低40%。

如何实现这个目标？老吕提出了打破常规的设计理念："只用一块板""简单，再简单"。大家都嘀咕："说起来容易，做起来难。"第一轮优化架构、反复研究实验，把"水分"榨干了不少，但离目标还相差甚远。老吕协调资源，又开始了第二轮改进。做完了，大家问老吕："可以过关了吧？"老吕反问："大家觉得达到理想的目标了吗？"

虽然心疼大家没日没夜地付出，老吕依然要求更进一步。数月苦战，三轮"简单化"，最终实现了"一块板"方案。

这"一块板"，一举改变了华为GSM产品的竞争地位，为公司带来数十亿元的收益，也为无线产品设计树立了一个标杆。

日本著名企业家松下幸之助说："做人跟做生意都是一样的，第一要诀就是要勇于承担责任，勇于承担责任就像是树木的根，如果没有了根，那么树木也就没有了生命。"

媒体曾经披露和报道过这样两件事情，两件事情说来都是小事情，但却都关乎责任二字，使我们能够从中感受到，即使是不起眼的一件事情，也考验着人们的责任心。

第一件事情发生在武汉。武汉市鄱阳街有一座建于1917年的6层楼房，该楼设计者是英国的一家建筑设计事务所。20世纪末，那座叫作"景明大楼"的楼宇已经在漫漫岁月中度过了80个春秋。一天，这座大楼的业主收到远方寄来的一份函件，函件告知：景明大楼为本事务所在1917年所设计建造，设计使用年限为80年，现已超期使用，敬请业主注意。60 年前盖的楼房，不要说设计者，连当年施工的人，也不会有一个在世了吧，然而，至今竟然还有人为它的安危操心。操这份心的，是它的最初设计单位，一个异国的建筑设计事务所。这是怎样的一种责任啊，是一个在时空中更换了数茬人的机构，经历近一个世纪的变迁，仍然守着一份责任。

另一件事情发生在大连。大连市公汽联营公司 702 路 422 号双层巴士司机黄志全，在行运途中突然心脏病发作。在生命的最后一分钟里，他做了三件事：第一件事，把车停在路边，拉下了手动刹车；第二件事，把车门打开，让乘客都安全下车；第三件事，把发动机熄火，确保了车和乘客的安全。他做完这三件事后，趴在方向盘上停止了呼吸。

责任是可贵的，它震撼着我们的心灵，同时，责任是无价的。

第6节　做到最好，但不追求完美

任正非在 2002 年的劳动态度考核也曾经是 C，这是因为华为用的是关键事件法，任正非在责任心和奉献精神上出了问题。一天，任正非答应见一个客户，结果他那天事多，忘了，证明他的责任心有问题；又一次，国外来了客户，任正非承诺要陪客户吃饭，结果临时家里有要事，没有陪客户吃饭，这就叫没有奉献精神。那年就给他打了 C。经济利益上受的影响就是：他当年的退休金打折扣，第二年不能加工资，奖金打折扣，还不能继续配股。

任正非对自己的要求是，一定要做到最好，但不追求完美。

任正非用"跳芭蕾的女孩都有双粗腿"来比喻不追求完美。他说：

> 世界是在变化的，永远没有精致完美，根本不可能存在完美，追求完美就会陷入到低端的事物主义，越做越糊涂，把事情僵化了；做得精致完美，就会变成小脚女人，怎么冲锋打仗，华为公司为什么能够超越西方公司，就是不追求完美，不追求精致。

强者上，庸者中，弱者下，这是社会竞争的发展规律。要使自己出类拔萃，就必须要严格要求自己，做任何事情都要力求做到最好。一个人成功与否在于他是不是做什么都力求做到最好。成功者无论从事什么工作，他都绝对不会轻率疏忽。因此，在工作中你应该以最高的标准要求自己。能做到最好，就必须做到最好。做好了才会叫座，这体现的是一种态度、能力和敬业精神，一种高度的驱动力，也意味着遇到困难时我们会勇敢地挑战自己。

如果想要跳好芭蕾，就要有坚实的粗腿和大脚，才能支撑起弹性与柔性，支撑起令人炫目的动感与平衡。

"单向度追求"可为企业带来高速发展，尤其在企业的原始积累时期，能够使企业活下来，并奠定一定的实力基础。但进攻，不停歇地进攻，会在企业外部带来越来越多的对立和摩擦；在企业内部，也会积累与沉淀太多的矛盾与冲突，所以，均衡也成为一个时期组织管理的核心话题。

2008 年，阿电招标接入网，当时是华为人宫某第一次操作项目，没有经验，结果技术标下来以最后一名进入测试与商务。领导很恼火，骂他把公司技术第一的成熟产品卖了最后一名。当他跟领导沟通 2008 年第三季度的 PBC（个人事业承诺）时，领导大笔一挥写了一行字"接入网测试第一"，接着又说："做不到就考虑换人。"

那时，宫某才意识到了事情的严重性，他认为虽然在个人能力方面，包括外语、技术等方面都不是很好，领导也一直不太满意，但总不能就这样回去。接下来的测试中，他憋着一口气把每项工作都做到自己感觉再没空间为止。记得当时测试的每一根尾纤都是他一个人整理保管，跟研发测试的同事一起把每一个特性、每一个需求、每个测试指标，都做了引导。有一天感觉压力大得透不过气，跑到隔壁的机房，悄悄大哭了一场。没想到被一个客户发现了，他很感动，当场把测试结果拿给他看，说："华为现在是最好的。小伙子，你不要担心。"最终华为以技术第一名进入商务标，那年宫某拿了他在华为生涯的第一个 A。

有个刚刚进入公司的年轻人自认为专业能力很强，对待工作很随意。有一天，他的老板交给他一项任务：为一家知名企业做一个广告策划案。这个年轻人见是老板亲自交代的，不敢怠慢，认认真真地做了半个月。半个月后，他拿着做好的方案，走进老板的办公室，将方案恭恭敬敬地放在桌子上。谁知，老板看都没看，只说了一句话："这是你能做的最好的方案吗？"年轻人一怔，没敢回答。老板轻轻地把方案推给年轻人，年轻人什么也没说，拿起方案走回自己的办公室。

年轻人冥思苦想了好几天，修改后交给老板，可老板还是那句话："这是你能做的最好的方案吗？"年轻人心中忐忑不安，不敢给予肯定的答复。于是，老板又让他拿回去修改。

这样反复了四五次，最后一次的时候，年轻人信心百倍地说："是的，我认为这是最好的方案。"老板微笑着说："好！这个方案批准通过。"

有了这次经历，年轻人明白了一个道理：只有持续不断地改进，工作才能做好。这以后，在工作中他经常自问："这是我能做的最好的方案吗？"然后不断进行改善。不久，他就成为公司不可缺少的一员，老板对他的工作非常满意。现在这个年轻人已经成了部门主管，他领导的团队业绩一直很好。

美国一家公司在韩国订购了一批价格昂贵的玻璃杯，为此美国公司专门派了一位官员来监督生产。来到韩国以后，这位官员发现，这家玻璃厂的技术水平和生产质量都是世界第一流的，生产的产品几乎完美无缺，他很满意，就没有刻意去挑剔什么，因为韩方自己的要求比美方还要严格。

一天，他无意中来到生产车间，发现工人们正从生产线上挑出一部分杯子放在旁边，他上去仔细看了一下，没有发现两种杯子有什么差别，就奇怪地问："挑出来的杯子是干什么用的？"

"那是不合格的次品。"工人一边工作，一边回答。

"可是我并没有发现它和其他的杯子有什么不同啊？"美方官员不解地问。

"你仔细看，这里多了一个小的气泡，这说明杯子在吹制的过程中漏进了空气。"

"可是那并不影响使用啊？"

工人很自然地回答："我们既然工作，就一定要做到最好，任何的缺点，哪怕是客户看不出来，对于我们来说，也是不允许的。"

"那么这些次品一般能卖多少钱？"

"10 美分左右吧！"

当天晚上，这位美国人给总部写信汇报："一个完全合乎我们的检验和使用标准，价值 5 美元的杯子，在这里却被无人监督的情况下的员工用几乎苛刻的标准挑选出来，只卖 10 美分，这样的员工堪称典范，这样的企业又有什么不可以信任的？我建议公司马上与该企业签订长期的供销合同，我也没有必要再待在这里了。"

对于简单的工作，也许会有人说："这样的工作，一点都不值得做。我这么聪明，怎么能做那样卑微的事情。事实上，没有任何工作是不值得好好去做的。在演艺圈有一句这样的名言："无所谓小角色，只有小演员。"换句话讲，职位能带给我们什么东西并不重要，重要的是在这个职位上可以奉献什么。

第**9**章

将自己的力量
发挥到最大

CHAPTER 9

人要有进取心、要努力、要做出贡献，但是也要有满足感。
自己的力量发挥到最大，就应对人生无愧无悔。

——任正非

第 1 节　唯一持久的优势是学习

一个人要成长、成功，需要具备最起码的要素——自发学习。成功者、优秀者不是天生的，人的能力和智慧都是随着不断地努力学习得以提升的，你只有在工作中坚持学习，不断积累实践经验才能逐步成长，走向成功。一个人要想成长，要想发展，一定要懂得自发学习的重要性。学习在于增长知识和提高能力，"活到老，学到老"。自发地学习才能实现自我改造、自我完善和自我超越，才能一步步地成长，走向成功。

任正非表示："我们的管理者，特别是大批年轻的基层管理者，要努力提升自身的管理能力，加强学习，积累管理经验。"

任正非对华为的管理者的要求是要善于学习，他表示：

善于学习是提升管理能力的重要手段，善于学习的管理者才能培养学习型的组织，只有学习型的组织才能从容地面对高度不确定的商业环境。学习的途径有很多，书本可以启发我们思考问题、找到解决问题的方法，但就像"复盘"是棋手最好的学习与提高手段一样，每一次成功和失败（包括自己的也包括竞争对手的）都是我们最好的学习案例，因此必须学会在实战中进行总结与举一反三。人是有记忆的，但组织没有记忆，在当前新干部提拔快、培训系统跟不上组织扩张需要的情况下，如何采取有效措施保证个体的经验在组织内传播与共享是每个团队领导者需要认真解决的问题。总结案例的工作非常重要，但光有案例是不够的，还需要建立一个系统以保证案例中所蕴藏的经验与教训在组织内进行有效的复制，这将直接影响人力资源的使用效率和整个组织的工作质量。

我们的学习要深入实际，各级干部都要学习收集案例。不要在对自己部下的培训中，"言必称希腊"。深入不进去的管理干部，要下放，不能在华为形成空中楼阁的管理。不要求一切员工都形式主义地跟着念报，员工也有不学习的权利，公司也有选拔干部不使用的权利。这种权权交换，使得每一个要进步的员工都会自觉地学习。高中级干部退步的，我们也要调整下去。

要成为一名卓越的员工，必须在工作和生活中不停地学习，只有管理好自己的学习，才能从根本上拥有唯一持久的竞争力。

1994年12月，一位36岁的年轻人拜访彼得·德鲁克，在吃饭的时候说："我怎样回报你呢？"德鲁克说："你已经回报我了，今天和你的谈话中，我已经学到了很多。"

"刹那间，我顿悟了为什么德鲁克先生是与众不同的，因为他不把自己当作一位大师，而是把自己当成了一个学生。对于许许多多管理学的专家而言，他们必须要说什么，而德鲁克先生则觉得自己必须要学什么。"这位年轻人就是吉姆·柯林斯。

后来，吉姆·柯林斯成了大师，而且是美国知名的管理大师，一般演讲标价每小时 6 万美元。

吉姆·柯林斯传承了德鲁克的哪些基因呢，其中之一就是终身学习。德鲁克，一个践行"活到老，学到老"的大师。"如果能活到 80 岁，就要写到 80 岁。"他曾立下誓言，并终身践行。

德鲁克表示："在一个知识经济的时代，非常重要的一点，就是要建立起快速学习的能力，如果不尊重这种建议，而只是关注之前搞的运作方式是不行的。所以我们就实行了终身学习。"

2003 年 12 月，中国台湾的《商业周刊》在采访德鲁克时曾提问道："现今在新组织当中的旧经理人是面临挑战最大的一群人。如果今天一名 40 岁的经理人来到您面前，请您对他下个阶段的生涯发展提出一些建议，您会怎么说？"德鲁克的回答是："我只有一句话：继续学习！学习还必须持之以恒。离开学校 5 年的人的知识，就定义而言已经过时了。美国当局如今要求医师每 5 年必须修复习课程及参加资格重新检定考试。这种做法起初引起受检者的抱怨，不过这些人后来几乎毫无例外的，对外界的看法有了改变，以及为自己忘掉多少东西而感到惊讶。

"同样的原则，也应该应用到工程师，尤其是行销人员身上。因此，经常重返学校，而且一次待上一个星期，应该要成为每一位经理人的习惯之一。许多大公司目前都在建立内部的教育设施，但我建议这要小心为妙。因为内部训练通常有强调及强化固定观点的毛病。为了开拓视野、质疑通俗的信念、养成有组织性的抛弃习惯，最好是让员工面对多样化及挑战。为了这些目的，经理人应该接触为不同公司工作、以不同方法办事的人。

"想要在挑战性的世界之中担任一名主管，同时，还能够产生并且维持效能，就必须要注意上述的若干要点。这世界充满了机会，因为改变即是机会。我们处于一个风起云涌的时代，而变化起自如此不同的方向。处于这种情势之下，有效能的主管必须能够辨认机会，并且和机会赛跑，还要保持学习，经常刷新知识底子才行。"

在技术潮起潮落的今天，任何一项技术的保险度都不高，短则三五个月，长则一两年，基本上就过时了。因此，只有不断充电，才能适应工作的要求。一位业内人士就曾这样说："与其等到下岗时再培训，不如在岗时充电。"

学习、自我更新不仅仅是指一种对新知识的学习，还包括了对各种新的经验、新的观念的接受，这是避免失败的前提。

刘杰，2008 年华为公司金牌奖获得者，曾经开发过 BTS312，交付过德国重大项目，刘杰伴随着产品的成熟而成长。

2006 年年底，BTS312 开发的时候，按照客户要求，要在 2007 年年初高质量实现 BTS312 7.0 版本的商用。刘杰听到这个消息，主动请缨，希望自己能负责一个模块的交付。这时，刘杰入职不到 1 年，没有任何代码以及项目管理经验。"他能搞定吗？"主管犯难了。但刘杰不屈不挠，一边见缝插针向开发团队专家请教，一边继续向主管请求。主管被他这种不服输的劲头所打动。

有热情是一回事，能解决问题才是真本领。刘杰对此深有体会。在那段日子，可以看到夜晚的路灯下他反复来回踱步，看到在明亮的会议室中他与人面红耳赤地争论，看到他埋头于光标闪烁的电脑前编码，也看到他在实验室中紧张调测。就这样，刘杰竟然完成了所有任务，产品上市后他所负责的模块没有出现过问题。

2008 年，刘杰到德国支持某重大项目的技术保障工作。这是刘杰第一次接触 BTS3900，用刘杰自己的话说，那时候连 BTS3900 长什么样都不知道。到现场后，刘杰没有因此而表现出畏惧，夜间补习知识，白天与现场技术支持团队以及后方研发支撑团队一起，安装设备、调试测试。几天后，他就从一个"门外汉"变成"专家"。现场一起工作的客户多次对刘杰的想法和思路表示赞赏。

彼得·圣吉在《第五项修炼》中写道："未来唯一持久的优势，是有能力比你的竞争对手学习得更快。"

任正非极力倡导学习，他在文章中这样写道：

我曾经讲过一个故事，就是如果一个人倒着长，从 80 岁开始长，1 岁死掉的话，我想这个世界不知有多少伟人。我们的父母教育我们要认真读书，我们却不认真读书。等我们长大了，又告诉我们的孩子要认真读书，他们不认真读书，他们还要批判我们。他们长大了，又管教他们的孩子要认真读书……如此重复的人生认识论，因而人就没有很大的长进。如果从 80 岁倒着长，人们将非常珍惜光阴，珍惜他们的工作方法和经验。当然从 80 岁倒着长这是不可能的，但学习方法上是有可能的，我们如今有如此庞大的知识网络和科技情报网络，充分利用它们也就跟倒着长一样，只不过要有谦虚认真学习他人的精神才行。

学习永远都不嫌晚。华为的一位员工有这样的经验："在华为这样的环境里，我深切地感觉要做一个开放自我的人，只要你愿意学习，那里就会有很多很多不同老员工贡献出来的经验供你享用，取之不尽，用之不竭，这真的是一笔巨大而无形的财富。在公司的 IT 平台上，你可以找到传输培训专栏中很多命名为'他山之石'的实用性技术资料供你借鉴，也有很多部门制定的硬件设计规范，新员工看了之后可以加深对已有设计的理解，直接切入单板的设计和调试。"

第 2 节　永不满足的进取心

　　苹果公司很有钱，但是太保守了；我们没有钱，却装成有钱人一样疯狂投资。我们没钱，都敢干，苹果公司那么有钱，为什么不敢干呢？如果苹果公司继续领导人类社会往前走，我们可以跟着他们走；如果苹果公司不敢投钱，就只能跟着我们，我们就会变得像苹果公司一样有钱。

这是任正非在与 Fellow 座谈会上对苹果的评价。

任正非觉得苹果太保守了，这一评价对苹果来说并不冤枉，因为苹果属于典型的"有钱不花"类型。苹果手握高达 2000 多亿美元的巨额现金流，是位列第二名的微软的两倍，却并没有在相关领域做出较大投资或者研发投入。

和苹果的保守相对应的是，苹果 2016 年第一季度（苹果的第二财年）的糟糕表现，营收下滑了 12.8%，遭遇了自 2003 年以来 13 年里首次出现下滑趋势。对比苹果，华为进取心十足，发展势头很猛。根据华为消费者业务发布的 2016 年上半年业绩，华为智能手机发货量 6056 万部，同比增长 25%。

对个人来说，进取心是什么？美国奥里森·马登的《高贵的个性》一书扉页上的几句话清晰在目：进取心是完成崇高使命和创造伟大成就的动力，它是一种极大激发人们抗争命运的力量。于一个企业是如此，于一个民族中的每一个个体依然如此，进取心最终会成为一种伟大的激励力量。

任正非表示：

> 人要有进取心，要努力，要做出贡献，但是也要有满足感。自己的力量发挥到最大，就应对人生无愧无悔。

积极进取是人才素质的重要内容。一个人只有具备了进取心才能不安于现状和已经取得的成绩，才能不断朝着新的目标前进，从而获得更大的成功。

没有什么比进取心更重要的了，这种态度影响着对自己的评价和对未来的期望。如果态度是消极而狭隘的，那么人生将是平庸的。必须以高于普通人的眼光来看待自己，而不仅仅满足于做一个小职员。必须坚信自己能拥有更高的职位，以督促自己努力得到它，否则，永远也得不到。

拿破仑曾经说过："不想当元帅的士兵，不是好士兵。"这是对进取心的最好说明。世上成大事者都是因为有一颗"想当元帅"的野心而最后如愿以偿的，否则就会永远平庸。进取心是人类行为的推动力，使人类可以有力量攫取更多的资源。当然，进取心没有止境，所以要懂得将它调整在一个合适的限度内，让它充分发挥对人的激励和鼓舞作用。

每一个成功者都有着勇往直前、不满足于现状的进取心。当一个人具有不断进取的决心时，这种决心就会化作一股无穷的力量，这种力量是任何困难和挫折都阻挡不了的，凭着这股力量，他会不达目的绝不罢休。敢于挑战就是成功的进取心所驱动的。

莫德克·布朗的成功经历，完美地诠释了进取心与成功之间的联系。

莫德克是美国棒球界历史上最伟大的投手之一，他从小就决心要成为棒球联盟的投手。

可是上帝并没有因为他的决心而将幸福降临到他的头上。他小时候在农场做工时，不小心被机器夹住了手，失去了右手食指的大部分，中指也受了重伤。

我们都知道一个投手失去手指意味着什么。成为棒球联盟最好的投手，在这个事件之前是完全可能的，可现在，手变成这样，这个梦想好像永远只能是梦想了。

可是这位少年不这样想。他完全接受了这个不幸的事实，尽自己最大的努力，学会用剩余的手指投球，终于成为地方球队的三垒手。

莫德克投的球速度快，又有角度，上下飘浮，然后才会进入捕手手套的中央。击球手因此而束手无策。他的三击纪录和成功投球的次数都很了不起，不久便成为美国棒球界的最佳投手之一。

正是受伤的手指，也就是变短的食指和扭曲的中指，使球产生了如此与众不同的角度和旋转。少年莫德克之所以能成功地实现自己的梦想，正是靠着一股永远进取的精神。

对于一个有进取心的人来说，即使屡遭失败也仍然会十分努力。"成功的大小不是由一个人达到的人生高度来衡量的，而是由他在成功道路上克服的障碍的数量来衡量的。"

爱迪生说："我是在别人都停下来的地方开始的。"进取心能驱使一个人在不被吩咐应该做什么之前，就能积极主动地去做应该做的事。

美国富兰克林人寿保险公司前总经理贝克曾经这样告诫他的员工："我劝你们要永不满足。这个不满足的含义是指上进心的不满足。这个不满足在世界的历史中已经导致了很多真正的进步和改革。我希望你们绝不要满足。我希望你们永远迫切地感到不仅需要改进和提高你们自己，而且需要改进和提高你们周围的世界。"这样的告诫对于我们每一个人来说，都是必要的。

得知处理订单的客户有可能因休假而影响订单的下发后，华为人管伟与邢海涛在周日便驱车400多公里到曼彻斯特拜访客户。也许客户被这份寒冬中的热情和专注所感动，原本已经休假的客户，周一早上便早早来到办公室与管伟、邢海涛就合同条款做最后的确认。签字后，客户给采购部打去了电话："尽快完成流程处理，争取今天给华为发出订单。"看着电脑中收到的电子订单，管伟和邢海涛悬着的心终于落下。其实在全球各地，每天都会有华为员工各种各样的优秀事迹发生，他们面对的可能是自然天气、生活环境、疾病威胁、战争危险、竞争激烈等种种困难险阻，但华为人身上总有一股拼搏进取、积极向上、不畏艰难、永不服输的精神。

曾有人评价稻盛和夫的京瓷是"一个制作精密陶瓷"的公司，任正非认为，太过轻淡。任正非这样评价说：

> 稻盛做的精密陶瓷，是电子陶瓷等功能陶瓷。精密医疗器械和电子网络的核心部件，以后大量会是陶瓷（做）的，而全球陶瓷（企业），京瓷做得最好。京瓷已在引领一场实实在在的新材料革命，将极大地推动通信业和互联网的发展。他们

几十年如一日的精进，做到了全球第一，我们只有追随的份。
华为拥有全球一流的数学家，但他们却拥有全球一流的化学家
与物理学家。我们赶不上它！

任正非与稻盛和夫都是"不随大溜"的人。他们在各自的领域里，
都是凭借在现场"头拱地"拱出一片沃土。

第3节 充分利用零碎的时间

员工：我感觉到在同一个层面里，华为技术整体水平要比华为电气高一个层次。请问为什么？

任正非的回答是：

那需要你努力。你努力你就能超越，照理说你们的层次要比华为技术高一个层次才是对的，你们还未达到更高层次，是因为你不够努力。我不知道你一天学习多少个小时，你能否拿一个你一天的作业时间表给我看看？我可以告诉你我是怎么学习的，如果是坐两个半小时的飞机的话我至少是看两个小时的书。我这一辈子晚上没有打过牌、跳过舞、唱过歌，因此我才有进步。你要有时间表，从来没有神仙皇帝，也没有什么救世主，要靠自己努力才能提高自己的成绩。不是在哪个坐标位置上才会进步，换一个坐标就不能进步，进步完全靠自己的内因变化。

在火车上，一个年轻小伙子一直在不停地写东西。坐在他旁边的中年男人凑过去看了看，原来他在给客户写短笺。中年男人开口说话了，"小伙子，我注意到了，在这两个小时里，你一直在给客户写信。你是一个出色的业务员！"小伙子抬头微笑地看着这个男人说："是的，如果不是出差在火车上，现在正是我的上班时间，是我应该做这些事情的时候。"

中年男人对小伙子的这种敬业精神很感动，希望他能够成为自己的得力助手，于是说："我想聘请你到我公司来做事，尽管我知道你的老板肯定会很重视你，但是我提供给你的待遇绝对不会比他差。"中年男子充满期待地看着年轻人。

年轻人笑了笑："我就是老板。"

关于时间，法国著名作家伏尔泰在小说中有一段经典话语："最长的莫过于时间，因为它无穷无尽；最短的也莫过于时间，因为我们所有的计划都来不及完成。在等待的人看来，时间是最慢的；在玩乐的人看来，时间是最快的。它可以无穷地扩展，也可以无限地分割。当时谁都不加重视，过后都表示惋惜。没有它，什么事都做不成。不值得后世纪念的，它都令人忘却；伟大的，它使它们永垂不朽。"

任正非表示：

> 我们要求中、高级干部及一切要求进步的员工，要在业余时间学习，相互切磋，展开有关讨论及报告会。

很多时候，时间并不是大段大段地以整块的形式出现，它们无影无形地隐藏起来，就像不起眼的水珠，10秒、30秒、1分钟，无声无息地落入了岁月的长河。如果你不管不顾，它们就会烟消云散。它们就像微小的芝麻粒掉进了石头缝里，很难把它们重新拾起来，一天中很多时间就这样白白地被浪费了。但是，只要你抓住它们的行踪，珍惜并利用它们，它们就能变成江河之水。

美国哲学家富兰克林说："如果你热爱生命的话，就别再浪费时间，因为时间是组成生命的材料。"

古往今来，一切有成就的学问家都善于利用零碎时间。譬如东汉学者董遇，幼时双亲去世，但他好学不倦，利用一切可以利用的时间。他曾说："我是利用'三余'来学习的。""三余"，即"冬者岁之余，夜者日之余，阴雨者晴之余"。也就是冬闲、晚上、阴雨天不能外出劳作的时间，他都用来学习，这样日积月累，终有所成。

一位华为人有这样的经历：

"有一年'五一'前一天晚上大塞车，班车换了3条路线都走不通，到家时都将近10点了。猜猜车上是什么状况？有人带了几张报纸，传来传去很快就看完了，然后大家就没事干了。烦躁的情绪弥漫了整个车厢。只有一个人很镇定，谁？恭喜你，答对了，那就是我。

"不管去哪儿，我很喜欢随身带一本书，那天带的是《TCP/IP详解》。这本书的TCP（传输控制协议）部分我时断时续看过几遍，但一直没能抽出大块时间好好梳理一下。那天塞车有3个多小时，我把TCP部分串起来仔细研究了一遍，终于对TCP顿悟了！"

第 4 节 忍受寂寞，战胜孤独

耐得住寂寞，守得住寂寞，用勤奋的韧劲攻关夺隘。在寂寞的独处中，有时最能调动人的才思。如果人不善于独处，享受寂寞和孤独，就难以听到生活的要求和期待。

能够毕生忍受孤独的人，能在孤独中不懈追求人生价值，不断创造成果的人，是最令人钦佩的。寂寞是辉煌的前奏，成功者都有耐得住孤寂的秉性。可以说，人不独处，就不会有冷静而缜密的思考，不能忍受孤独、寂寞的人是绝然干不成大事的。

华为人忍受着在节假日没有与亲人团聚，忍受着孤独与寂寞，勤勤恳恳、埋头苦干，不害怕"板凳要坐十年冷"，所以华为的技术总能在国际上领先。

"板凳要坐十年冷"，华为 Fellow 吕劲松是这样理解的：

"SE（系统设计工程师）需要有自我学习的能力和主动性。ICT（信息技术与通信技术相融合而形成的技术领域）行业比较特殊，知识更新很快，不管多么厉害的一个人，假如把你放在孤岛上一个月，不看书，也接触不到新的信息，那么回来之后别人讲什么可能都听不懂了。如果不能够持续学习，将是非常危险的。

"我个人喜欢利用空余时间学习，平时工作我要参加很多与技术相关的会议，提目标、想法、问题、建议以及做各种技术决策，很少有时间来看书学习，我就选择周六到公司看书，没有电话打扰，没有会议，平时晚上有时间也看书，这样持续保持技术敏感度。

"另一方面，学习和工作实践结合起来效果会更好。比如我做硬件，软件只略知皮毛，要是去看软件方面的书，效果也不是太好，当时可能看懂了，记住了，但很快就会忘记，因为没有实际的应用。我提个建议，成都研究所的专业覆盖面还是很广的，如果可以组织一些活动，让不同领域的 SE 有相互了解和学习的机会，会更好一点。

"公司有两个发展方向，技术路线和管理路线。可能有人觉得管理更有发展前景，也许是看上去管理者都有头有脸风风光光的，但实际上技术也有发展前景，都是公司需要的人才。所以一旦做到 SE 这个职位，就要有淡泊名利的思想，潜心下来做好设计。板凳要坐十年冷，SE 要能耐得住寂寞。"

想要成就一番事业，实现人生追求，需要的是那种冷静与执着，那份平淡与坚守。成大事者能够在寂寞中承受孤独，在孤独中厮杀到黎明。

真正懂得寂寞的人只是善于利用寂寞罢了，利用躯体的寂寞换来自己心与心的对话，它或许是短暂的，但它又是必需的，浮躁喧嚣的当代社会尤其难能可贵。

2001 年 1 月，任正非在欢送海外将士出征大会上这样说道："雄赳赳、气昂昂，跨过太平洋……当然还有大西洋和印度洋。是英雄儿女，要挺身而出，奔赴市场最需要的地方。哪怕那儿十分艰苦、工作十分困难、生活寂寞、远离亲人。"

在国外的华为人，和国内的华为人相比，有着不能同日而语的生活、工作条件，有无法告人的孤独和寂寞。很多在非洲的华为人都经历过痛苦无奈、惊慌无助、孤单寂寞、思念彷徨。一位华为人这样写道："心情其实像大海，虽起伏不定但终究会被广阔的天地包容。就是在这样的峥嵘岁月里，那些永远坚守着自己的目标、不言放弃的人，在不经意中顽强地成长起来。成长，或许本身就是用当期的痛苦去交换未来征途的坦荡，当走过一段路而蓦然回首的时候，又总是会发现过去的一切坎坷其实不过如此。"

美国几个专家为了拍摄一种海滩鸟群体捕食的镜头，在一个荒僻的海滩上整整等了 18 个月。一个考古学家为了寻找公元前 15 世纪埋葬一个王储的金字塔，用了整整一生的时间……很简单的一个道理，在任何领域，成功都不可能一蹴而就，任何领域都需要专注的投入。而且一个普通的人很难有突出的天赋和特长，所有的成果都源于一种持之以恒的感情积累和经验积累。

用六项特质擦亮天分

CHAPTER 10

　　艰苦奋斗是华为文化的魂，是华为文化的主旋律，我们任何时候都不能因为外界的误解或质疑动摇我们的奋斗文化，我们任何时候都不能因为华为的发展壮大而丢掉了我们的根本——艰苦奋斗。

第 1 节　宽容是一种坚强

2016 年 3 月，李一男因涉嫌内幕交易罪在深圳市中级人民法院受审。于是，一些关于李一男在当初忘恩负义离开华为对不起任正非的言论开始在网络上蔓延，声讨之声不绝于耳。

这样的结论下得太武断了，至少作为当事人的任正非在公开场合从来也没有这样表述过。任正非这样说过："我们缺少宽容。你们看，现在网上，有些人都往优秀的人身上吐口水，那优秀的人敢优秀吗？"

1993 年 6 月，23 岁的李一男加入华为公司，这个年轻人怎么也想不到任正非会如此重用他。

李一男进入华为才半年就被破格晋升为主任工程师，两年后居然成为总工程师。在 1997 年李一男成为公司最年轻的副总裁，而这一年他才 27 岁。

那时，大家都说他将会是任正非的接班人。任正非对于李一男的培养已经不是停留在伯乐的发现和栽培层面，可以说是如师、如父。

可是，谁也没有想到 3 年后，在世纪之交的 2000 年，李一男要离开华为单干。而且李一男带走了华为的人、钱和技术，从事的业务正是和华为还有竞争关系的宽带网络通信技术和产品。

当华为人把李一男看成叛徒的时候，任正非没有这么做。

必须承认李一男是一个技术天才，他很快成为华为的最大竞争对手，但是，任正非一直是持容忍态度。直到李一男的港湾网络将被西门子收购的时候，任正非坐不住了。他意识到，港湾网络有太多的技术和华为相似，如果被国外公司收购，那对华为的打击将是致命的。于是，任正非出手击溃了西门子对港湾的收购。

同时，2006 年华为将港湾收购，为此华为付出了 17 亿元人民币的代价。

但是，任正非还是非常善待李一男，他甚至在收购协议中明确写明，让李一男回华为工作，而且继续担任副总裁。

任正非对李一男的包容和厚待在别人看来已经超出了理智，但是，任正非懂得如果他不能驯服李一男这匹野马，李一男肯定会出问题。

然而，任正非的苦心并没有感化年轻气盛的李一男，他依然决定离开。

这次，任正非没有挽留，在李一男离开前夕，任正非在深圳五洲宾馆设豪华宴，为李一男饯行，华为所有高层全部参加。

任正非对于李一男真是仁至义尽。

这就是任正非和李一男的故事，这里面没有任何一个桥段，完全看不出任正非觉得李一男的离开是一种背叛或者是忘恩负义。

任正非曾这样表示：

为什么要对各级主管说宽容？这同领导工作的性质有关。任何工作，无非涉及两个方面：一是同物打交道，二是同人打交道。不宽容，不影响同物打交道。一个科学家，性格怪僻，但他的工作只是一个人在实验室里同仪器打交道，那么，不宽容无伤大雅。一个车间里的员工，只是同机器打交道，那么，即使他同所有人都合不来，也不妨碍他施展技艺制造出精美的产品。

但是，任何管理者，都必须同人打交道。有人把管理定义为"通过别人做好工作的技能"。一旦同人打交道，宽容的重要性立即就会显示出来。人与人的差异是客观存在的，所谓宽容，本质就是容忍人与人之间的差异。不同性格、不同特长、不同偏好的人能否凝聚在组织目标和愿景的旗帜下，靠的就是管理者的宽容。

对别人宽容，其实就是对我们自己宽容。多一点对别人的宽容，其实，我们生命中就多了一点空间。

宽容是一种坚强，而不是软弱。宽容所体现出来的退让是有目的、有计划的，主动权掌握在自己手中。无奈和迫不得已不能算宽容。

只有勇敢的人，才懂得如何宽容，懦夫决不会宽容，这不是他的本性。宽容是一种美德。

只有宽容才会团结大多数人与你一起认知方向，只有妥协才会使坚定不移的正确方向少了一些对抗，只有如此才能达到你的正确目的。

任正非认为，华为的轮值 CEO 制度有利于企业适应快速变化的环境，有利于避免个人过分偏执带来的公司僵化，也有利于规避意外风险带来的公司运作的不确定性。但这一制度的好坏还需要时间做出检验，"宽容"是它成功的力量。即使不成功，也可以为后人探路。

任正非长年都少见媒体，也从未出席过任何国内论坛会议，大部分时候外界是通过任正非的讲话来了解这家公司的。

有一个案例却让人意外，就是华为消费者 BG CEO 余承东。余承东自从 2010 年开始出任华为消费者 BG CEO 以来，行事高调，屡有惊人之语，往往在华为内外掀起轩然大波。一度还出现过被"禁言"风波，差点被"下课"。

但是对于华为内部种种对于消费者 BG 以及余承东的非议，任正非表现出极强的包容力。对此，任正非提纲挈领地说过一句：允许异见，就是战略储备。

任正非相信自己的进步和成功也是来自外部。任正非这样说："我知识的底蕴不够，也并不够聪明，但我容得了优秀的员工与我一起工作，与他们在一起，我也被熏陶得优秀了。他们出类拔萃，夹着我前进，我又没有什么退路，不得不被绑着，架着往前走，不小心就让他们抬到了峨眉山顶。"他还说，"这些年来进步最大的是我，从一个土民，被精英们抬成了一个体面的小老头。因为我的性格像海绵一样，善于吸取他们的营养，总结他们的精华，而且大胆地开放输出。"

对于未来，他依然相信外部。任正非说："相信华为的惯性，相信接班人的智慧。"他还说，"我不知道我们的路能走多好，这需要全体员工的拥护以及客户和合作伙伴的理解与支持。"

第 2 节　在工作中加入热情

华为有一个"蓝血十杰"的颁奖活动，这是华为公司为了表彰在公司历史上、在管理体系建设和完善上做出突出贡献的、创造出重大价值的优秀管理人才而设立的。2014 年的"蓝血十杰"活动，任正非出席了，各大媒体也出席了。当对获奖的员工颁奖时，他更是充满激情地高举双臂一同欢呼。

任正非并没有像外界所言"我的性格不适合与媒体打交道"，反而开玩笑地说："都说我神秘，其实我不是神秘人，揭开面纱之后，你看到的其实全是皱纹。我见国外媒体，是因为国外的商业环境需要，而国内商业环境没有困难，所以没有见你们。但不见你们，又害怕你们有埋怨。"这是任正非首次与媒体见面。

任正非对于自己事业的热情，可以从一篇篇热情、深刻而鼓舞人心的文章看出来。

同样一份职业，同样由你来干，有热情和没有热情，效果是截然不同的。前者使你变得有活力，工作干得有声有色，创造出许多辉煌的业绩；而后者，使你变得懒散，对工作冷漠处之，当然就不会有什么发明创造，潜在能力也无所发挥。

一个人缺乏热忱，一定是一个无精打采的人。即使所有的机会都来到身边，也会稀里糊涂地把它们丧失殆尽。

法国寓言家拉·封丹曾经说："无论做任何事情，都应遵循的原则是：追求高层次。你是第一流的，你应该有第一流的选择，在工作中加入'热情'。"

对自己的工作热情的人，不论工作有多少困难，或需要多少的努力，始终会用不急不躁的态度去进行，而且一定能够出色地完成任务。美国思想家爱默生说过："有史以来，没有任何一件伟大的事业不是因为热情而成功的。"

热情比制订计划还要重要，热情能够为成就带来力量，也为卓越成果增添动能。对自己的生活方式怀抱热情，即使状况窘迫，即使没有人看好，还是能够继续前进。怀抱热情的人会不断奋斗，直到成功为止。如果怀抱热情，就会带着热情与活力积极行动，不达成目标绝不停止。

要把个人的天赋发挥到极致，除了怀抱热情之外别无他法。

如果缺乏必要的活力让天赋充分发挥，就必须点燃热情。要点燃热情，可以采取下列做法：

1. 为人生各方面排出先后顺序——根据自己热衷的程度来排序。重新调整工作与个人生活，这样才能用更多时间从事自己热衷的事务，然后就会自然而然地大步前进。

2. 保护并培养热情——有些人会告诉你，你一定办不到，尤其不要让这些人减损你的热情。要做到这一点最容易的方式是，结交对自己工作同样保持热情的人，这些人会激励你采取行动、追逐自己的梦想。

3. 只要找到热情所在，就要全力追寻——没有什么比因为害怕而错失了卓越的机会更让人感到挫折。放胆筑梦，更加集中心力去成就卓越。光求生存只需要花极小的努力，所以真的不必担忧。要相信自己的梦想，并且努力圆梦。

曾有人问被誉为"烧不死的凤凰"的毛生江保持 20 多年工作热情的源泉是什么，毛生江的回答是这样的：

"首先，我热爱华为，我热爱在华为经历的每一个岗位，所以我能持续保持最基本的工作热情。刚开始是为了自己的成长以及自身家庭的幸福。当时也没人提艰苦奋斗，但我们觉得很开心，因为当时只有我们有机会做数字交换机，而且做得很好。

"第二个是责任。当你接触了不同岗位和部门，你所做的事就是为了你的部门和团队，外界的力量会影响到你，你的责任在推进你，让你保持高度的工作热情。尤其是在市场做事情，我们尽可能地为客户提供更好的服务，更好地给客户降低成本，这都是需要为客户考虑的。

"第三个是空杯心态。处在不同的环境中会激发你更多的工作热情。我基本每三四年换一个工作岗位，让我有机会去学习新的东西，这也给了我很大的成长。当我第一次坐在这么多人面前的时候，我都不知道怎么去说话，但是经过很多次的尝试，如今也都适应和提升了。"

第3节　用自信，拥有不设限的人生

我们那个时候，40门的交换机还做不出来，我们天天都在庆功，然后到2000门……一直庆功走过来的呀。都是因为小胜利把我们胆子弄大了，我们就开始一天到晚"胡说八道"，最后自己相信自己的"胡说八道"，就真做到这个"胡说八道"了。

你们这些年轻的未来的将军，在胜利鼓舞中、在炮火震动中，一定会一步步走向最终的胜利。

很少有人真正完全相信自己，这是对自己所能达到的成就自我设限。能够信赖自己，就会懂得怎么释放出力量与能源，让自己达到更高的境界，也终将成为自认能够成为的那个人。无论天生具备哪些天赋，如果不相信自己，原本应该能够达到的成就，将无法达成。

要想让自己达到最理想的境地，必须做到下列3件事：

相信自己有潜能成就卓越。很多人因为害怕，不敢去尝试新的事物。如果有自信，相信自己有能力达成卓越成就，就能让自己脱颖而出，居于有利的位置。坚信自己能够达成比一般人更高的成就，就能勇敢向前迈进。

相信自己有能力。相信将来表现能够更杰出，也能够因为自己不断努力，对工作驾轻就熟。这种自信不是在自卖自夸，而是在稳定内心，让自己在压力出现时依然能够表现杰出。

相信自己此生命有使命。相信世上有远大的目标，就等着自己出现然后加以达成。具备使命感，就会拥有力量、动力和自信，在内心里有了这种信心，很快就会发现，自己开始能够达到许多人认为做不到的伟大成就。

要把天赋尽可能提升到最高，就不能只注重天赋，还必须善用自信的力量。期许自己能够成就卓越，然后付诸行动。一定要确实有所行动才会有成果，然而要能表现杰出，首先就必须在内心建立强有力的自我期许与自信。

一位华为人在团队作战中建立自信，她有着这样的记载：

"到埃及办事处的前两年，面对项目困境时，内心常会焦虑，但随着一次次问题的解决，慢慢建立了自信。2007 年，埃及政治环境变化，A 客户根据自己的预算变化要求对华为的债务展期偿还，债务情况面临银行回购风险以及后期的市场定位变化。我们获得此消息时，迅速由片总带队组建了团队去说服客户打消此念头。客户的 CEO 非常强势，提出的要求也有理由支撑。一想到要面对那个大胡子，拒绝他的要求，我有些头皮发麻。在飞往埃及的飞机上，主管跟我说：'丫头，你知不知道面对客户重要的是什么？是信心。谁坚持到最后谁就会赢。'我的心情顿时放松了很多。到了代表处，大家就一起商量谈判策略以及谈判桌上的角色分工。见客户的时候，穿过他们 AK47 和 MP5 重枪守候的大门时，我们内心有点紧张，但还是互相打趣，笑说总算见识到了传说中的 CS 武器了。由于前期准备充分，策略明确，谈判非常顺利。"

活出自己人生的意义，努力把自己看成自己理想中的那个人，并且坚信自己能够达成。

2007 年，罗伯特以顾问身份加入华为 IFS（集成财务服务）项目，主要负责财务共享服务项目的落实及完善。2011 年，入职华为，他任应付业务中心部长，目前主要负责账务管理部组织变革项目等。

罗伯特表示："专家面对客户时，最重要的是你要对自己所说的话自信并态度诚恳。或许你讲的话并不完美，但必须要有自信，因为客户总是期望你能迅速给出解决方法或建议。也许，随着对一个问题分析的深入，你发现开始所说的需要进行微调，那并不影响大局。如果你是专家，但是你对自己所说的都没有自信，或者你没有表现这种强烈的领导气质，别人就不会把你当回事。要知道，专家在于别人怎么看他。"

人生没有界限，心态是控制个人行动和思想的关键所在，即心态决定着我们的视野、脚下的道路、生命的航向。如果你拥有健康的心态，有充分的自信心，那就意味着你掌握了体验不设限的人生的主动权。

第 4 节　成功是因为下定决心投入

华为 28 年坚定不移只对准通信领域这个"城墙口"冲锋。
我们成长起来后，坚持只做一件事，在一个方面做大。但是未
来主航道只会越来越宽，宽到你不可想象。

华为 28 年来，一直坚持在"通信"这一主航道上拼搏，但曾只是
主航道外的终端业务却担负起华为 31.5% 的营收，这让任正非感觉有必
要修正"华为主航道的宽度"，同时提出 5 年消费者业务营收 1000 亿
美元的宏大目标。

对于个人来说，坚持就是要完成自己着手的所有事项。拥有天赋是
一回事，有力量继续努力又是另一回事。即使才华再出众，不能坚持到
底，就无法获得卓越的成就，一定要贯彻到底。坚持就表示，成功是因
为自己下定决心投入，而不是注定要成功。成就卓越的人士从不被动坐
等成功降临，而是主动采取行动。人生原本就不是长程的竞赛，而是由
一连串短程的竞赛所组成，其中每段竞赛各有不同的挑战与要求。有坚
持力的人每天会累积一些小型的胜利，最终能够缔造可观成果。

坚持也表示不能因为疲惫或气馁而停下脚步，反而应该要从逆境当

中，找到乐趣与内在的动力。即使一切发展看来不顺遂，仍旧要不断努力前进。最终，坚持把该做的事情做好，能够带来复合效应，也就能达成自己追求的成功。坚持是让未来更美好的一种投资。

世界重量级拳王穆罕默德·阿里曾这样说过："优胜者不是在健身房里练出来的，优胜者是靠内心深处的欲望、梦想和愿景打造出来的。他们必须具备能坚持到最后一分钟的耐力，必须要比别人更快，还要具备必要的技能与意志力。然而，意志力一定要比技能更稳固。"

现代生活形态中，有许多项要素让人无法坚持：

▶ 很多人一遇到阻力便放弃。

▶ 许多人把成功当作目的地，而不是一段旅程。

▶ 只有少数人能够很快再爬起来。

▶ 更少人拥有极具启发性的愿景。

想要支撑天赋并且让自己更有毅力坚持，可以采取下列方法：

1. 为自己希望达成的理想，找到有激励效果的目的，然后用坚定而集中的专注力去追寻这个愿景。只要目的强而有力，即使面临逆境还是会继续前进。

2. 抛开借口，为自己的作为负起一切责任。不管在什么时刻，都不能容许自己在任何一件事情上未尽全力。

3. 培养耐力。如此，当身边表现平平的人准备停下脚步时，自己才刚开始要全力冲刺。要做好身心的准备，日复一日在每天展开的新竞赛中努力，直到成功为止。①

华为任命的首批 Fellow 童文对研发有一种本能的热爱，进入实验

① 轻松读.点燃你的天赋大师［电子书］.蓝狮子文化创意有限公司，2013.

室，就抑制不住地兴奋。他是 3G、4G 无线通信技术构架的创始人之一，他认为做研发就是要沉下心来，耐得住寂寞，认准方向坚持不懈；他认为工作不是暂时的而是永恒的，应该抓住和珍惜每个奋斗的机会。

童文出身于书香门第，家族大多数人都是学术界的知名学者。他从小就结识了张钰哲、周培源、钱学森等科学家，对科学产生了浓厚的兴趣。大学时，他选择了无线电工程专业，那时的他坚信"学以致用"，学习不仅是把自己变成一个有学问的人，更要对社会产生实际的作用。当然，他心里还有一个不为人知的考虑——在学术界再怎么努力也很难超越家族里的前辈，他不愿意生活在家人的光环下，因此他成了家族中唯一在工业界发展的人。

初入职场，童文从产品开发的最基层做起。当时 3G 还在摇篮中，目标是要将话音容量扩大 6 倍，并且提供视频业务。不少提升频谱效率的关键技术实用的风险很大，如 Turbo 编码技术能否商用仍存在很大争议，学术界研究了 4 年，在理论和应用上还有很多问题需要探讨。虽然当时公司没有立项，童文没想那么多，带头成立了只有二三人的项目组，钻研到底，一直推到所有的 3G 标准中去。今天全球近 50 亿的手机都在使用 Turbo 编码技术。

另一个例子就是推动产业界采用 OFDM（正交频分复用技术）调制来取代 CDMA（码分多址接入）调制技术。彼时 3G 技术的研发，超越市场 10 年时间。当时业界在技术、产品成熟度等方面都没有达成任何共识，这就需要自己的判断和坚持。童文认准了方向，经过 8 年坚持不懈地努力，他带领团队慢慢将 4G 技术推到 LTE（长期演进技术）标准里去了。

似乎是"一炮而红"的事，童文却说："没有哪个成绩是一炮打响的。很多事情是很艰苦的，不可能一帆风顺，无论是技术上还是职业发展上都有很多的坎坷。技术研究不切实际，最后没有成功推到产品中去；对产品成熟度判断不准，耗费了大量的时间和精力；组织和团队不够成熟，不足以支撑技术和产品的开发……这些问题我都遇到过。"

进入华为不到 3 年，仅工作笔记就有厚厚的 8 本。从国内到加拿大研究所出过差的同事开玩笑说，他们怕了童文，他简直比"华为人还华为人"，工作起来经常连吃饭都忘记了。而家人对他的评价则是"不可救药的工作狂"。

第 5 节　自我批判才能尽快成熟

　　一个企业，一个组织，如果总是背负成功与辉煌的包袱，那么它其实也离死亡不远了。所以，任正非讲华为是没有历史的公司。

　　在华为的任何角落看不到华为过去的历史，没有一张图片有任正非的形象，全球各地的办公场所看不到哪个中央领导视察华为的照片……华为也是一个没有功臣的公司，华为一位高管对我说，华为是一个不承认功臣的公司，老板也是，也就是说当任正非退休以后，任正非也不会被供在华为的殿堂里。

　　任正非说过，我从来不在乎媒体昨天、今天、明天怎么看我。我也不在乎接班人是否忠诚，接班人都是从底层打出来的，打出来的英雄同时又能够进行自我否定、自我批判，同时又有开放的胸怀，又有善于妥协的精神，同时在看人的问题上能够多元视角，而不是黑白分明，他就是自然而然成长的领袖。领袖不是选拔出来的，是打出来的。任正非表示：

　　　　华为开始从幼稚走向成熟，开始明白，一个企业长盛不
　　衰的基础，是它的核心价值观被接班人确认，接班人具有自我

批判能力。从现在开始，华为公司里一切不能自我批判的员工，将不能再被提拔。3 年以后，一切不能自我批判的干部将全部免职，不能再担任管理工作。通过正确引导以及施加压力，再经过数十年的努力，将会在公司内形成层层级级的自我批判风气。组织的自我批判，将会使流程更加优化，管理更加优化；员工的自我批判，将会大大提高自我素质。成千上万的各级岗位上具有自我批判能力的接班人的形成，就会使企业的红旗永远飘扬下去，用户就不会再担心这个公司垮了，谁去替其维护。用户不是在选择产品，而是在选择公司，选择对公司文化的信任程度。

2000 年 9 月 1 日，华为召开了一场特殊的"颁奖大会"，参加者是研发系统的几千名员工，几百名研发骨干被一个个点名到主席台"领奖"，奖品是几年来华为研发、生产过程中，因工作不认真、测试不严格、盲目创新等人为因素导致的报废品以及因不必要的失误导致的维修所产生的各种费用单据等。当时每一个"获奖者"都面红耳赤，台下一片唏嘘，任正非要求每个"获奖者"把"奖品"带回家，放到客厅最显眼的地方，每天都看一看。

这场隆重的"颁奖大会"实际上是华为一场深刻的自我批判活动，任正非说：

只要勇于自我批判，敢于向自己开炮，不掩盖产品及管理上存在的问题，我们就有希望保持业界的先进地位，就有希望向世界提供服务。

"吾日三省吾身。"华为强调自我批判，一个企业长盛不衰的基础是接班人承认公司的核心价值观，并且有自我批判能力，要世世代代传承下去的就是自我批判的能力。

自我批判的能力，实质上也是一个人自我领导、自我管理的理智力、自律力和内在控制力。通过理智的引导进行自我剖析，重新审视自我的愿景、价值观和心智模式。自我批判的过程就是一个思想上、观念上去糟粕、纳精华，进而不断升华和成长的过程，是人生从"必然王国"到"自由王国"的过程，是到达从心所欲而不逾矩境界的必由之路。

任正非表示：

> 自我批判是拯救公司最重要的行为。
>
> 从"烧不死的鸟是凤凰""从泥坑里爬出的是圣人"，我们就开始了自我批判。正是这种自我纠正的行动，使公司这些年健康成长。
>
> 我们的 2012 实验室，就是使用批判的武器，对自己、对今天、对明天批判，以及对批判的批判。他们不仅在研究适应颠覆性技术创新的道路，也在研究今天的技术延续性创新迎接明天的实现形式。在大数据流量上，我们要敢于抢占制高点。我们要创造出适应客户需求的高端产品；在中、低端产品上，硬件要达到德国、日本消费品那样永不维修的水平，软件版本要通过网络升级。高端产品，我们还达不到绝对的稳定，一定要加强服务来弥补。
>
> 这个时代前进得太快了，若我们自满自足，只要停留 3 个

月，就注定会从历史上被抹掉。正因为我们长期坚持自我批判不动摇，才活到了今天。

任正非表示："我对自己的批判远比我自己的决定要多。"

第 6 节 "鲜花一定要插在牛粪上"

华为曾在创新的道路上，盲目地学习与跟随西方公司，有过很多的教训。所以任正非曾在多次讲话中提到，华为长期坚持的战略，是基于"鲜花插在牛粪上"战略，是从不离开传统去盲目创新，而是基于原有的存在去开放、去创新。鲜花长好后，又成为新的牛粪。华为要永远基于存在的基础上去创新。任正非表示：

> 我的一贯主张"鲜花是要插在牛粪上"。我从来不主张凭空创造出一个东西、好高骛远地去规划一个未来看不见的情景，我认为要踩在现有的基础上前进……世界总有人去创造物理性的转变，创造以后，我们再去确定路线。我们坚持在牛粪上长出鲜花来，那就是一步一步地延伸。我们以通信电源为起步，逐步地扩展开。我们不指望"天上掉下林妹妹"。

2014 年，是互联网与传统产业融合的关键年。那一年，许多传统企业家都感到焦虑。比如，万达王健林从否定互联网思维存在到拥抱互联网思维；海尔张瑞敏提出向互联网转型……直到 2015 年"两会"上，国家提出了"互联网+"战略，于是互联网经济出现井喷。

面对外界浮躁的创业潮和可怕的颠覆言论，任正非在 2014 年 4 月 16 日华为上海研究所专家座谈会上提出"我们的创新应该是有边界的，不是无边界的"。

产品创新一定要围绕商业需要。对于产品的创新是有约束的，不准胡乱创新。贝尔实验室为什么最后垮了？电子显微镜是贝尔实验室发明的，但它的本职是做通信的，它为了满足科学家的个人愿望就发明了这个电子显微镜。发明后将成果丢到外面又划不来，就成立了电子显微镜的组织作为商业面的承载。所以无边界的技术创新有可能会误导公司战略。

任正非表示："我们不强调自主创新，我们强调一定要开放，我们一定要站在前人的肩膀上，去摸时代的脚。我们还是要继承和发展人类的成果。"

［1］黄卫伟．以奋斗者为本：华为公司人力资源管理纲要［M］．北京：中信出版社，2014.

［2］黄卫伟．以客户为中心：华为公司业务管理纲要［M］．北京：中信出版社，2016.

［3］田涛，吴春波．下一个倒下的会不会是华为［M］．北京：中信出版社，2012.

［4］张继辰，文丽颜．解密华为成功基因丛书：华为的人力资源管理［M］．深圳：海天出版社，2012.

［5］陈广．任正非：华为的冬天［M］．深圳：海天出版社，2015.

［6］冯仑．野蛮生长［M］．佛山：广东人民出版社，2013.

［7］王育琨．任正非的原初花园［N］．上海证券报，2012.

［8］陈明．华为如何有效激励人才［J］．商业财经，2006.

［9］华为中兴高薪抢人：华为本科生起薪9000元［N］．新快报，2013.

［10］陈培根．牛顿的自我约束［N］．华为人，2003.

［11］我的12年等于24年［J］．深圳青年，2006.

［12］为啥全世界都怕华为？为培养团队肯给员工百万股利［OL］．搜狐，2014.http://business.sohu.com/20140714/n402193771.shtml.

［13］华为员工能拿多少钱，揭秘一个真实的华为［OL］．网易，2014.http://tech.163.com/14/0522/08/9SR9G1CG000915BE.html.

［14］轻松读．点燃你的天赋大师［电子书］．蓝狮子文化创意有限公司，2013.

［15］黄卫伟．红舞鞋、致命的诱惑——任正非说万万不能穿［OL］．华夏基石e洞察，2016.http://mt.sohu.com/20160407/n443518433.shtml.

［16］迟忠波．你们这么说李一男，任正非答应吗［OL］．微信公众号：格局决定一切，2016.

天道酬勤或好人好报，都只是概率事件，这意味着，你的付出或表现，并不一定在你期望的当事人身上获得回应，更不一定会在你预期的周期之内。

必须要学会任正非先生的思维，以 30 年为周期，来进行思考。

你今天付出了，明天可能得不到回报。但在这个付出过程中，你提升了自己的能力，丰富了阅历，增长了经验，见识了人性，熟悉了规律，埋下了资源的种子。同时，因为你深知付出并不会在第一时间就能获得回报，因此你也不会心生怨怼、愤愤不平。这种平和的心境能让你在有限的资源内从容布局，最终会收获你所期望的成果。

在《任正非：天道酬勤》的写作过程中，作者查阅、参考了大量的资料和作品，部分未能正确注明来源并支付稿酬，希望相关版权拥有者见到本声明后及时与我们联系，我们都将按相关规定支付稿酬。在此，我们深深表示歉意与感谢。

由于编者水平有限，书中不足之处在所难免，诚请广大读者指正。

同时，为了给读者奉献优质的作品，本书在写作过程中的资料查阅、检索搜集与整理的工作量巨大，需要许多人同时协作才能完成，我们也得到了许多人的热心支持与帮助，在此感谢张存良、张桂连、张华波、朱瑞聘、尹和松、苏少兵等人，感谢他们的辛勤劳动与精益求精的敬业精神。